Fundamentalismo bíblico

Lo que todo católico debe saber

Ronald D. Witherup, S.S.

Traducido por Robert Louis Russell, S.S.

LITURGICAL PRESS

Collegeville, Minnesota

www.litpress.org

Nihil Obstat: Sister Reneé Domeier, O.S.B., *Censor deputatus.*

Imprimatur: ✠ Most Reverend John F. Kinney, J.C.D., D.D., Bishop of St. Cloud, Minnesota, December 19, 2008.

Título original *Biblical Fundamentalism: What Every Catholic Should Know* (Collegeville, MN: Liturgical Press, 2001).

Diseño de cubierta por David Manahan, O.S.B.

1   2   3   4   5   6   7   8   9

Library of Congress Cataloging-in-Publication Data

Witherup, Ronald D., 1950–
    [Biblical fundamentalism. Spanish]
    Fundamentalismo bíblico : lo que todo católico debe saber / Ronald D. Witherup ; traducido por Robert Louis Russell.
        p. cm.
    Includes bibliographical references.
    ISBN 978-0-8146-1890-5
    1. Fundamentalism.   2. Catholic Church—Apologetic works. I. Title.

BT82.2.W5818 2009
220.088'282—dc22

                                                2008050214

En memoria de

Dr. A. Vanlier Hunter, Jr.
1939–1992

Contenido

Prefacio

Conforme nos movemos hacia el tercer milenio cristiano, es sorprendente ver cuántos asuntos en los diálogos religiosos siguen provocando desacuerdos entre los cristianos sobre ciertos elementos básicos de la fe. Éste es el caso de la Biblia. Cómo interpretar y leer la Biblia sigue siendo una cuestión cristiana vital.

Información relacionada con la sociología ha mostrado que el fundamentalismo bíblico se ha adentrado entre los católicos en años recientes. Algunos católicos que desean que la Biblia se convierta en un elemento más central de su fe y de su vida diaria no perciben que haya ningún problema con un enfoque fundamentalista. Para otros, las preguntas que surgen a menudo durante los encuentros con personas fundamentalistas, provocan más preguntas y una inseguridad básica relacionada con su propia identidad católica.

En pláticas que les he dado a católicos por todo el país durante los últimos quince años, se me ha pedido que trate muchos asuntos que surgen del fenómeno del fundamentalismo bíblico. Este libro es el resultado de esas experiencias. Confío en que será un manual útil para los católicos que estén intrigados y quizá preocupados por las preguntas que surgen cuando desean usar la Biblia en su vida personal. También puede que ayude a los protestantes que deseen comprender mejor el enfoque católico de la Biblia.

Les estoy agradecido a mis antiguos estudiantes y a quienes me han escuchado porque me han ayudado a darle forma a mi respuesta al fundamentalismo. También les doy las gracias a los muchos eruditos cuyo trabajo ha sido fuente de información para el mío y quienes, debido a la naturaleza de este texto popular, no pueden ser debidamente reconocidos aquí. La dedicación de este libro es en memoria de uno de mis primeros profesores de Biblia, el Dr. A. Vanlier Hunter, Jr., quien, al pasar un tiempo en Saint Mary's Seminary and University en Baltimore, fue una inspiración para una generación de seminaristas católicos. Van, como le decíamos cariñosamente, murió prematuramente de cáncer, después de casi veinte años como ministro presbiteriano y erudito bíblico. Su educación, basada en la tradición reformada y su fuerte compromiso con la Palabra de Dios le sirvieron bien en ese seminario, tanto como profesor de la Sagrada Escritura como decano asociado del Instituto Ecuménico de la escuela. Siempre fue el ecumenista de la gente. De él aprendí mucho sobre la tolerancia y el diálogo, pero también aprendí cómo darle vida a la Escritura en la predicación y en el salón de clases. Le agradezco póstumamente su celo, su dedicación y la manera como enseñaba.

También le agradezco al profesor Paul Zilonka, C.P., su lectura generosa del manuscrito y sus atinadas sugerencias, y al Dr. Cecil White, el bibliotecario bautista del Seminario de San Patricio en Menlo Park, Calif., sus muchas conversaciones de ayuda y asistencia profesional. Reconozco que sus contribuciones ayudaron a mejorar el libro, mientras que las fallas son naturalmente mías. Finalmente, tengo una gran deuda de gratitud con Mark Twomey, Peter Dwyer y con todo el personal en *The Liturgical Press* por su entusiasmo y su animación para este proyecto. Su apoyo facilitó mucho más la tarea de producir un manuscrito conciso.

R.D.W.
Primer domingo de Adviento, 2000

Introducción

Cuando yo era muchacho en los años cincuenta, los católicos
acostumbraban contrastar el catolicismo con el protestantismo
de una manera más bien simple. Los protestantes usaban la
Biblia como su guía; los católicos tenían los sacramentos. En
general, los católicos no conocíamos la Biblia. Confiábamos
en la enseñanza de la Iglesia tal como ésta se comunicaba
principalmente en los sermones dominicales y en las clases de
catecismo.

El Concilio Vaticano II (1962–1965) cambió todo eso. La
convocatoria del Papa Juan XXIII a un concilio ecuménico a
nivel mundial, abrió las ventanas de la Iglesia de par en par
para permitir la entrada del aire fresco del *aggiornamento*—
una total y continua renovación. Uno de los cambios más
importantes que el Concilio inició fue la exhortación directa
a los católicos a redescubrir la Biblia. El Vaticano II inició una
verdadera revolución entre los católicos con respecto a lo que
pensaban de la Biblia y cómo la usaban en sus vidas. La Biblia
ya no se relegaba más ni al librero, ni a la mesa en la sala, ni a
los confines de un monasterio, ni se usaba principalmente para
anotar los eventos relacionados con la recepción de los sacramentos—los bautismos, las bodas y los entierros—y empezó
a desempeñar un papel prominente en la vida católica.

La misma liturgia reflejó este cambio dramático. Como
parte de su renovación litúrgica, la Iglesia revisó y actualizó
el uso del leccionario, el libro oficial de lecturas para el año
litúrgico de la Iglesia que contiene una amplia selección de
lecturas tanto del Antiguo como del Nuevo Testamento. Estas

lecturas se proclaman en la Misa a lo largo de un ciclo litúrgico de tres años. Esto les presentó a los católicos unos pasajes que nunca habían explorado y que rara vez habían escuchado desde el púlpito. Los católicos empezaron a querer nutrirse más de la Biblia y, afortunadamente, los eruditos bíblicos católicos, quienes durante décadas habían estado trabajando tras bastidores, empezaron a publicar y a dar conferencias sobre la Biblia.

Se multiplicaron los grupos de estudio bíblico, pero muchas parroquias no pudieron sostener el ritmo a nivel de los deseos por parte de los católicos, de conocer más la Biblia. Muchas personas se sintieron atraídas a grupos de estudio de Biblia no católicos, algunos de los cuales tenían una orientación fundamentalista y, en ocasiones, vehementemente anticatólico. Lo reconocieran o no, los católicos se enfrentaban al fundamentalismo bíblico.

El Vaticano II produjo una realidad bilateral al despertar el interés católico en la Biblia. Una parte reforzó positivamente la verdad que los católicos también son cristianos que aceptan la Biblia como la Palabra sagrada de Dios, la cual provee un ambiente moral para la vida cristiana. Se exhortó a los católicos a que se familiarizaran con la Biblia porque es nuestro libro también. Sin embargo, la otra parte es que la educación con respecto a la Biblia que los católicos han recibido se queda corta en relación con el interés que tienen en explorar la Biblia y sus misterios. Además, algunos protestantes evangélicos agresivamente han hecho blanco de católicos distanciados para atraerlos hacia su denominación y su manera de leer la Biblia. El resultado es que algunas veces una instrucción errónea sobre la Biblia, especialmente si parte de una perspectiva fundamentalista, socava el propio interés admirable de conocer más sobre la misma.

Aquí debo advertirles algo a los lectores. No es mi intención avivar el fuego de animosidad entre protestantes evangélicos fundamentalistas y católicos miedosos paranoicos. Algunas personas pueden oponerse al fundamentalismo de una manera no cristiana y degradante. Ridiculizan a los fundamentalistas bíblicos diciendo que son ignorantes cerrados de mente quienes hacen mal uso de la Biblia para lo que se les antoja. No hay necesidad de usar palabras para burlarse ni de estereotipar, aunque de vez en cuando esto sucede de ambas partes. En mi experiencia, el fundamentalismo puede aparecer de muchas maneras. Tendemos a caracterizarlo como un movimiento ultra conservador cuando, en realidad existen formas liberales de cierto tipo de fundamentalismo que son tan rígidas y tan inflexibles como las de la derecha. Pero me estoy adelantando.

Estoy tratando de dirigirme al asunto de cómo el catolicismo debe interactuar imparcialmente con el fundamentalismo. Sin embargo, también debo admitir que percibo un problema con el fundamentalismo. Personalmente me he encontrado con él en mis viajes y conferencias, tanto en los Estados Unidos, como en el extranjero. Es un asunto serio al que los católicos le hacen frente a diario. En algunas áreas de África he visto el impacto que los ataques de los Adventistas del Séptimo Día tienen en la fe católica y las preguntas que hacen surgir en las mentes de los que tienen que vivir en tal ambiente. En América Latina, he visto y escuchado los intentos de varios grupos evangélicos fundamentalistas para alejar a los católicos de su fe. Estos grupos resaltan las supuestas deficiencias del catolicismo como opuestas a la Biblia y anticristianas. En muchas partes de Estados Unidos, no solamente en el Sur, he visto la influencia del fundamentalismo bíblico y las dudas que su retórica hace surgir en las mentes de muchos católicos.

En casi todas las conferencias bíblicas que he dado desde mediados de los años ochenta, los católicos me han preguntado una y otra vez cómo deben responder a una u otra pregunta que sus amigos, parientes o vecinos fundamentalistas les han hecho. Son preguntas como por ejemplo, "Padre, ¿qué debo decir cuando me preguntan: '¿Eres salvo?'" o "¿Cómo puedo explicarles a mis amigos por qué creemos en el Papa?" o "Mis amigos dicen que los católicos no van al cielo porque no aceptan a Jesucristo como su Señor y Salvador personal". Como mínimo, el lenguaje del fundamentalismo no es conocido y, a menudo, incómodo a los católicos. Combinemos con esto una inseguridad básica sobre lo que se encuentra en la Biblia y se prepara la escena para unas dudas personales que pueden y, de hecho, conducen a algunos católicos a una verdadera ansiedad religiosa.

En mi opinión, existe una urgencia pastoral en la pregunta que trata de lo que los católicos piensan de la Biblia. Muchos católicos con quienes me encuentro no se sienten cómodos con lo que saben de la Biblia, especialmente a la luz de lo que algunos de sus amigos protestantes dicen. El conocimiento de la Biblia no es una de nuestras mejores características. (Pero también, mis colegas protestantes me dicen que el protestante promedio no es tan conocedor de la Biblia como suponemos.) El hecho es que la cultura americana contemporánea expone a la persona promedio a la Biblia de maneras que podrían ser atractivas, pero que son ingenuas. Permítanme dar algunos ejemplos breves.

Es imposible manejar en Estados Unidos a cualquier parte sin encender el radio y escuchar a los evangelistas predicando su mensaje—a menudo un mensaje de fuego y azufre, de los males de nuestra época. Los evangelistas de la televisión también abundan. La mayoría son fundamentalistas en su enfoque de la Biblia y del cristianismo, y algunos ofrecen mensajes muy anticatólicos, que nos recuerdan los días de más discusión de la Reforma protestante.

Hoy día también existe otra clase de tiranía bíblica en nuestra sociedad. Regularmente veo tabloides en los supermercados con encabezados sensacionalistas que dicen que la Biblia predice un invierno fuerte, que tiene una fórmula que ayudará a la gente a ganar la lotería o un código secreto que predijo algunos eventos mundiales tales como el asesinato del Primer Ministro israelí Yitzak Rabin o que predice la llegada de una catástrofe que pronto afectará la parte sur de California. (¿Por qué California? ¿Quizá por los terremotos?) Aún más específicamente, se invoca la Biblia para apoyar la pena de muerte, basándose en la noción del Antiguo Testamento de "ojo por ojo y diente por diente", o para oponerse a las mujeres en los trabajos o en la política porque la Biblia dice que deben estar en casa. La gente alardea de la autoridad de la Biblia, diciendo que es la voluntad directa de Dios que se debe seguir servilmente al pie de la letra, aunque su interpretación debe ser selectiva.

A veces los católicos no encuentran la manera de explicarles a sus amigos no-católicos por qué nuestra Iglesia es como es, cuando a primera vista parece no ajustarse a la Biblia. ¿Por qué tenemos un papa, cuando la Biblia no menciona en absoluto el papado? ¿Por qué "adoran" los católicos a María y a los santos (no lo hacemos, pero explicaré eso más adelante), cuando la Biblia dice que sólo debemos adorar a Dios? ¿Por qué llaman los católicos "padres" a sus sacerdotes cuando la Biblia claramente prohíbe esto (más sobre esto después también)? En resumen, existe una realidad pastoral que requiere una respuesta lógica. Necesitamos algo más que una respuesta rápida a un fenómeno que no entendemos y que podemos temer. En nuestra sociedad la Biblia generalmente se usa bien y mal, y los católicos debemos saber más sobre como manejar esas situaciones con conocimiento.

Ya durante el decenio de los años ochenta, los obispos estadounidenses publicaron una declaración reconociendo que los católicos estaban entrando en contacto con el fundamentalismo bíblico y que este fenómeno representaba un problema pastoral urgente. (Ver la bibliografía.) En muchos casos, la aparente simplicidad lógica del fundamentalismo bíblico era irresistible. Los católicos de Estados Unidos y del exterior, se han sentido alejados de la Iglesia y atraídos a comunidades fundamentalistas. Por ejemplo, los obispos católicos en América Latina se han alarmado ante el número de católicos que se han unido a grupos evangélicos fundamentalistas. Lo mismo puede decirse de partes de África.

Este libro busca dar una respuesta concisa, pero profunda, a las preguntas que los católicos tienen sobre el fundamentalismo. Este libro no trata del fundamentalismo en general, como podría describirse en muchas religiones del mundo (por ejemplo, los judíos o musulmanes fundamentalistas) sino del fundamentalismo cristiano bíblico. Tiene tres propósitos: (1) ofrecer instrucción sobre los orígenes y las ideas principales del fundamentalismo bíblico, (2) comparar y contrastar la perspectiva católica de la Biblia con la del fundamentalismo y (3) ofrecer consejos prácticos y recomendar recursos que ayuden a los católicos a responder al fundamentalismo.

El libro tiene cinco capítulos. El primero explica los orígenes históricos del fundamentalismo bíblico cristiano y por qué es, en su forma actual, un fenómeno únicamente americano. La palabra 'fundamentalismo' puede usarse para describir muchos fenómenos distintos. Es importante entender a lo que específicamente nos referimos como fundamentalismo bíblico, de dónde vino y por qué existe. El segundo capítulo plantea los postulados principales de la fe fundamentalista y cómo enfoca la Biblia. El tercero hace lo mismo desde el punto de vista de una perspectiva católica de la Biblia o, como la llamamos algunas veces, Sagrada Escritura. En mi experiencia, muchos católicos tienen una comprensión más bien limitada de la enseñanza de la Iglesia sobre la Biblia. Si los católicos han de sentirse cómodos con la Palabra escrita de Dios, primero deben saber lo que su Iglesia enseña sobre la Biblia y cómo leerla. El capítulo cuatro da una explicación de por qué el fundamentalismo bíblico es atractivo hoy día y una evaluación del mismo. Mi objetivo es lograr una evaluación del fundamentalismo que no sea polémica y que reconozca sus puntos fuertes y los débiles. Finalmente, el quinto capítulo imparte algunos consejos prácticos sobre cómo preparar una respuesta católica sensata al fundamentalismo. Una bibliografía corta de recursos selectos para un estudio adicional les dará consejos a aquellas personas que deseen explorar y profundizar este tema por cuenta propia.

1

Los orígenes del fundamentalismo bíblico

El fundamentalismo bíblico es un fenómeno multifacético que no surgió en el vacío. Tiene largas raíces históricas que han moldeado su existencia. A fin de apreciar su complejidad, necesitamos describirlo con exactitud, discernir sus orígenes y entender cómo se originó.

¿Qué es el fundamentalismo bíblico y cuáles son sus orígenes?

El fundamentalismo es una realidad más compleja de lo que aparenta ser cuando observamos a los evangelistas de la radio o la televisión. Aún así, hay una descripción básica del fundamentalismo bíblico que la mayoría de las personas probablemente conoce y que los mismos fundamentalistas usan y aceptan. George Marsden, un destacado teólogo protestante y experto en el movimiento fundamentalista, nos ofrece la siguiente descripción del fundamentalismo en sus raíces:

> . . . [un] evangelismo protestante militante antimodernista . . . una federación de cobeligerantes muy suelta, diversa y cambiante unidos por su fiera oposición a los intentos modernistas de poner al cristianismo en línea con el pensamiento moderno. (Marsden, *Fundamentalismo y Cultura Americana*, 4)

También tiene una descripción corta que describe al fundamentalista como "un evangélico quien está enojado por algo"

(Cohen, *The Fundamentalist Phenomenon*, 22). Marsden recalca que, mientras otros elementos como el evangelismo, la oración, la santidad personal y el dar misiones son también características del fundamentalismo, su característica distintiva es su oposición militante al modernismo. Jerry Falwell, el muy conocido líder religioso bautista fundamentalista, quien fundó la Mayoría Moral (*Moral Mayority*) a fines de los 1970, y sus colegas están de acuerdo con esta descripción del fundamentalismo que dice que es "el movimiento del siglo XX muy unido a la tradición de renovación de la corriente principal del protestantismo evangélico que, militantemente, se opuso a la teología modernista y al cambio cultural asociado con ésta" (Falwell, *The Fundamentalist Phenomenon*, 3). Esencialmente, los fundamentalistas se consideran a sí mismos como los defensores de la auténtica religión cristiana en contra de los males de la vida moderna. El modernismo es el gran enemigo. Sabotea los valores cristianos tradicionales y un núcleo de cristianos fieles debe presentarle oposición militante. En resumen, es un vehículo de Satanás, que se opone a todo lo que es decente y bueno.

Casi cada una de las palabras en la definición breve de Marsden es importante para entender el fundamentalismo. El aspecto militante nos ayuda a explicar el deseo de los fundamentalistas de ser activos en cuanto a los cambios políticos y de organizarse y definir sus estrategias cuidadosamente. Los fundamentalistas consideran que son el ejército de Dios que defiende la verdad y, de acuerdo a ellos, la manera como se vive aquí en los Estados Unidos—*American Way of Life*. Es paradójico que ciertos valores americanos estén atados al fundamentalismo (el individualismo, la libertad, etc.). Se propone operar estrictamente desde una perspectiva bíblica, pero sociológicamente y en relación con la política, el fundamentalismo está íntimamente atado a la cultura americana. Gran parte del pensamiento moderno al que los fundamentalistas se oponen surge de la manera como se vive en los Estados Unidos. La postura antimodernista explica la tendencia fundamentalista de oponerse a los desarrollos y de idealizar el pasado. Particularmente, idealizan a la comunidad cristiana primitiva según se describe en el Nuevo Testamento, especialmente en los Hechos de los Apóstoles. En su opinión, los desarrollos modernos han corrompido la organización cristiana original. Los fundamentalistas creen que la comunidad cristiana debe volver a ser pura como la de los primeros días de la existencia cristiana. De regreso a lo "esencial" es su grito de batalla. Otro slogan favorito es "denme aquella religión antigua".

El carácter evangélico protestante del fundamentalismo también es importante. Los expertos que han estudiado los fundamentalismos alrededor del mundo han notado que el carácter único del fundamentalismo bíblico americano está enraizado no sólo en el pensamiento protestante en general, sino en el cristianismo evangélico. Sin embargo, debemos notar que mientras que todos los fundamentalistas son evangélicos, no todos los evangélicos son fundamentalistas. El cristianismo evangélico, que comprende alrededor del 25 por ciento de los grupos protestantes en Estados Unidos, abarca una gran gama de maneras de enfocar la Biblia. Algunos son pentecostales, que hacen hincapié en la obra del Espíritu Santo en sus vidas y los dones carismáticos que vienen cuando se está lleno del Espíritu, tales como la sanación, la profecía y el don de lenguas (técnicamente llamado "glosolalia"). Otros son grupos de "santidad", como la Iglesia del Nazareno y la Iglesia de Dios, los cuales recalcan ciertos aspectos individuales y de revitalización de la fe cristiana. Otros son congregaciones individuales de Bautistas, Discípulos de Cristo y otros de los grupos principales protestantes quienes se identifican como fundamentalistas en su enfoque de la Biblia y de la religión. Algunos evangélicos, a diferencia de los fundamentalistas, aceptan el estudio moderno-científico de la Biblia. Pero muchas doctrinas fundamentalistas surgieron de las enseñanzas evangélicas tradicionales.

Además, otros fenómenos protestantes asociados muy de cerca con el fundamentalismo, como el pietismo, el de la revitalización, el milenarismo y el tradicionalismo bautista, lo han influenciado. Todos estos han dejado su huella en el movimiento fundamentalista, pero no se identifican directamente con éste. El hecho de que el fundamentalismo sea un movimiento relajado, diverso y cambiante, señala su carácter altamente individualista. Muchos grupos distintos se ajustan bajo la categoría general del fundamentalismo. Cada congregación tiende a definirse a sí misma y no hay ninguna autoridad que todas reconozcan que gobierne a las comunidades fundamentalistas. También puede ser difícil categorizar a algunos grupos, debido a las características poco definidas que se usan para distinguir a los fundamentalistas de otros evangélicos.

Finalmente, a menudo su oposición a la reconciliación del cristianismo con el modernismo los ha hecho aparecer como anti-intelectuales y separatistas, y en algunas formas extremas, esto se hace patente. Ya que opinan que lo moderno corrompe, algunos fundamentalistas creen que la única respuesta aceptable que pueden dar es retirarse de la sociedad. Basan su opinión en su interpretación de ciertos pasajes de la Biblia que llaman a separarse de los no creyentes (por ejemplo, 2 Cor 6:14-18; Rom 12:1-2). La noción de que el cristianismo va contra la razón y contra el humanismo es una fuerza directriz en la perspectiva fundamentalista que puede hacer que quienes no son fundamentalistas piensen, positivamente, que el movimiento es algo pintoresco o negativamente, que es peligrosamente ingenuo.

Conforme procedemos, debo advertirles otra cosa a los lectores. Definir el fundamentalismo y su alcance puede ser un asunto difícil. Esto es así por razones tanto históricas como teológicas. A través de la historia, el movimiento fundamentalista ha tendido a dividirse en varias facciones, resultando en que algunas son más conservadoras y otras más liberales, introduciendo controversias internas sobre su propia identidad. Los Bautistas, la denominación protestante más grande en Estados Unidos, son un caso en punto. Algunos bautistas claramente caen en la red fundamentalista en virtud de su perspectiva bíblica y de otros asuntos doctrinales. Pero otros bautistas no podrían clasificarse como fundamentalistas y se opondrían a tal clasificación. Por ejemplo, la gran Convención Bautista del Sur tiene sus propios desacuerdos internos sobre tales temas. Puede ser difícil hasta decidir dónde catalogar a alguien en la gama del fundamentalismo. Por esta razón, algunos bautistas debaten si pertenecen o no al cristianismo evangélico o si estarían mejor catalogados en otro grupo. La auto-denominación es un criterio para describir a los fundamentalistas, pero creo que existen otros criterios objetivos que podemos usar. Arriesgándome a simplificar demasiado, ofrezco el siguiente esquema histórico del desarrollo del fundamentalismo bíblico dentro del protestantismo americano porque nos ayudará a ver cómo éste se convirtió en un retoño natural de la cultura americana.

Las raíces del fundamentalismo se remontan hasta el siglo XVIII. A principios de la exploración científica del mundo que empezó con la Ilustración, o el Siglo de las luces, algunos cristianos se sintieron amenazados por el nuevo conocimiento que parecía socavar lo esencial de la existencia cristiana. El estudio científico de la Biblia empezó a cuestionar hasta la veracidad literal de algunos de los datos bíblicos. Antes de esta época, la Biblia se había tomado muy literalmente como verdadera en todo lo que decía. El estudio científico empezó a ver inconsistencias en ella, las cuales cuestionaban la naturaleza del material bíblico. Las partes disparejas de los textos bíblicos que daban evidencia de su origen en un proceso complejo de tradiciones orales, escritas y editadas a lo largo de muchos siglos, comenzó a erosionar la confianza en la "verdad evangélica". Se empezó a exaltar la razón humana más que la religión. Una influencia religiosa principal en América en esta época fue el protestantismo evangélico. Éste se mostró principalmente en tres formas: el calvinismo, el puritanismo y la revitalización. A su manera, todas estas tradiciones religiosas trataron de preservar (o restaurar) los valores cristianos tal como ellas los percibían.

En el siglo XIX, a pesar de sus intentos por ganar partidarios, varios factores hicieron que la influencia de los cristianos evangélicos disminuyera. El crecimiento de la revolución industrial y todo lo que vino con ella tuvo un impacto mayor en la vida americana. Nuevos inmigrantes vinieron a América, muchos de ellos católicos, judíos y luteranos con perspectivas religiosas diferentes. El crecimiento de varias industrias y la urbanización que lo acompañó empezó a influenciar dramáticamente el ritmo y la dirección de la vida. América estaba cambiando rápidamente de una sociedad principalmente rural y agrícola a una moderna y urbana secularizada. Además, el campo de la ciencia, personificado por Charles Darwin y su teoría de la evolución, empezó a producir nuevas y controvertidas teorías sobre los orígenes de la vida humana. Su famoso tratado *El origen de las especies* (1859) creó una gran agitación que algunos caracterizaron superficialmente como que afirmaba que los seres humanos descendieron de los simios. La perspectiva bíblica de la creación, expresada en el libro del Génesis, parecía estar bajo un ataque directo. Esto erosionó hasta la aceptación de Adán y Eva como figuras históricas.

De hecho, el desarrollo del estudio histórico-crítico de la Biblia iniciado en el siglo XIX ya había empezado a influir esta tendencia. La expresión "histórico-crítico" es una traducción del término alemán que se refiere al estudio objetivo, científico del texto bíblico en su contexto histórico. En 1835 David Friedrich Strauss, un erudito bíblico, publicó un libro titulado *La vida de Jesús examinada críticamente* que aseguraba que el Nuevo Testamento contenía elementos "míticos" inventados por la Iglesia de los comienzos, con el fin de embellecer la vida de Jesús. Esto significaba que los evangelios no podían tomarse de un modo literal, factual. Así que no sólo se sospechaba del Antiguo Testamento, sino que los evangelios también se investigaron científicamente.

La exploración de "mito" y "teología" en la Biblia comenzó a tener efecto en los estudios bíblicos científicos. De acuerdo a las teorías científicas sobre la Biblia, el núcleo histórico de verdad que contenía estaba arropado en otros elementos extraños que reflejaban la fe de la Iglesia de los comienzos más que la tradición factual sólida. La certeza histórica pasó a ocupar un segundo lugar en relación a otras prioridades. El escepticismo histórico aumentó, hasta en relación con las creencias más fundamentales judío-cristianas. Para los cristianos evangélicos, todo esto se debía a la influencia de una sociedad secular y pluralista. Sentían que estaban viendo la erosión de los valores "tradicionales" que estaban siendo reemplazados por valores humanistas. Más aún, el liberalismo en las iglesias principales protestantes iba en aumento a fines del siglo XIX y principios del XX. Los protestantes liberales prefirieron cambiar el enfoque de la fe cristiana, de las verdades doctrinales y bíblicas hacia la acción social. Los evangélicos empezaron a sentir que el protestantismo americano mismo estaba perdiendo su dirección moral y se estaba alejando de la verdad.

En el siglo XX algunos cristianos evangélicos sintieron que esta tendencia secular, humanista había llegado muy lejos. Se necesitaba algo dramático para corregir esta desviación del país y resucitar la "religión de antaño" de una época ya pasada. Entre 1910 y 1915, dos californianos ricos (originalmente de Pennsylvania), Milton y Lyman Stewart, financiaron la publicación de una serie de doce panfletos llamados *Los fundamentos de la religión cristiana* (acortado en *Los fundamentos*). Estos contenían 90 artículos, 27 de ellos dedicados a la Biblia, los cuales bosquejaban claramente lo que se pensaba que eran las creencias esenciales del cristianismo que no podían negociarse. (Hay una versión editada titulada *The Fundamentals: The Famous Source Book of Foundational Biblical Truths* R. A. Torrey, ed. [Grand Rapids, Mich.: Kregel, 1990].) Dos de los artículos también trataban sobre los males del catolicismo y por qué éste no representaba la auténtica fe cristiana. En 1920, un periodista bautista del norte, que se llamaba Curtis Lee Laws, acuñó el término "fundamentalista" para referirse a quienes se adherían a estas doctrinas religiosas fundamentales, y un grupo bautista aceptó el nombre como una declaración propia. El nombre ha quedado desde entonces.

Obviamente, éste es un esquema muy sencillo de una historia del fundamentalismo bíblico mucho más complicada de lo que aquí puede tratarse. Sin embargo, provee suficientes hechos para demostrar sus raíces americanas y las tendencias que aún lo caracterizan como un movimiento religioso contemporáneo.

Los fundamentalistas generalmente están orgullosos de esta designación, aunque algunos resienten el término como peyorativo. Una definición del fundamentalismo que viene de un diccionario propone dos aspectos de esta designación—uno específico y uno genérico. La primera definición habla de manera muy general de un "Movimiento protestante caracterizado por una creencia en la verdad literal de la Biblia". La segunda descripción, que es más genérica dice: "Un movimiento o punto de vista caracterizado por una adhesión rígida a los principios fundamentales o básicos" (*The American Heritage Dictionary*, 2ª. edición universitaria [Boston: Houghton Mifflin, 1991] 539). Sin embargo, en palabras de todos los días el fundamentalismo ha llegado a significar una adhesión restringida, rígida, conservadora, altamente dogmática y a menudo inculta, a perspectivas anacrónicas, no científicas, antiintelectuales.

Nuestro análisis del fundamentalismo en este libro se dirige principalmente a la primera definición, no a la genérica. De hecho, los eruditos no están de acuerdo en lo que toca a si la expresión "fundamentalista" debería o no ser usada análogamente con otros grupos que se pudieran caracterizar mejor como tradicionalistas o dogmatistas rígidos. Para bien o para mal, la palabra fundamentalista ha llegado a significar cualquier persona que sea rígida e inflexible. Ésta es la razón por qué alguien puede hablar de fundamentalistas de derecha o de izquierda. Sin embargo, nos enfocaremos en el movimiento fundamentalista protestante americano específico que sigue teniendo una influencia considerable a principios del siglo XXI.

El erudito bíblico evangélico Cyrus I. Scofield (1843–1921) le dio un ímpetus autoritativo al movimiento fundamentalista en 1909 con la publicación de una Biblia, *The Scofield Reference Bible* (New York: Oxford University, 1909; 2ª. Edición, 1917), la cual defendía la versión *Authorized King James* como la única traducción confiable de la Biblia al inglés. Esta versión se publicó originalmente en 1611 y usó los manuscritos hebreos y griegos disponibles en esa época como fuente de la traducción. La edición *Scofield* de esta Biblia proveyó notas explicativas extensas para interpretar la Biblia en términos claros de acuerdo a los principios fundamentalistas. En particular, presenta una lectura dispensacionalista de la Biblia (que se describe en el capítulo 4) la cual se ha convertido en característica del fundamentalismo bíblico. Aunque desde entonces esta Biblia ha pasado por tres revisiones, la misma sigue siendo la traducción autoritativa de la Biblia y libro base para los fundamentalistas, y su traducción sigue siendo igual a la original del siglo XVII. La tercera edición, completada por un equipo de eruditos fundamentalistas, añade al texto una cantidad considerable de interpretación, edita parte del lenguaje arcaico de la traducción y expande parte de la interpretación de la versión original, pero retiene la dirección básica de la original (ver *The New Scofield Study Bible*, 3ª. Edición [Nueva York: Oxford University, 1967]).

Un verdadero momento clave para el movimiento fundamentalista llegó en 1925 con el infame "juicio del mono" de

Scopes realizado en Dayton, Tennessee. Esta dramática confrontación legal entre los famosos abogados William Jennings Bryon y Clarence Darrow, artísticamente interpretados en la obra teatral de 1955 (y la película en 1960) *Inherit the Wind*, llamó la atención del público americano al choque entre el modernismo y los fundamentalistas. El juicio involucraba a un maestro de secundaria, John Thomas Scopes (1900–1970), quien fue convicto de enseñar la teoría científica de la evolución en oposición a la enseñanza bíblica de la creación porque iba en contra de la ley de Tennessee. El dictamen se rechazó más tarde, pero el juicio enfocó la atención nacional en el crecimiento del fundamentalismo y su enfoque literal de la Biblia. En la imaginación popular, este juicio se ha convertido en el suceso que ha definido simbólicamente el fundamentalismo bíblico americano. Según un fundamentalista que caracterizó la importancia del resultado del juicio, "orígenes simiescos significan moral simiesca".

A través de todo el desarrollo de la religión fundamentalista ha existido una tendencia a dividirse en varios grupos. De aquí la complejidad del fenómeno. Sin entrar en detalles innecesarios, podemos decir que el fundamentalismo consiste de muchas comunidades protestantes evangélicas independientes las cuales están unidas primariamente por su oposición a la influencia moderna, liberal y secular en la sociedad. Aunque enfocan la Biblia de maneras similares, estas comunidades se dividen en cuanto a la interpretación de algunos aspectos de la Escritura. En particular, ha habido desacuerdo en cuanto a cómo interpretar el milenio, el reinado de Cristo de 1000 años descrito en el libro del Apocalipsis (20:2-7). Algunos fundamentalistas han sido a-milenaristas, significando esto que el reinado de los 1000 años de la victoria de Cristo sobre Satanás es más simbólico que literal. Otros han sido post-milenaristas, que significa que el reinado de Cristo ocurrirá después que un período de 1000 años de paz y prosperidad haya retornado a la tierra. Y otros, quienes se apegan a la perspectiva de la corriente dominante entre los fundamentalistas, son pre-milenaristas que creen que Cristo regresará en gloria para reestablecer el verdadero Israel antes del reinado de 1000 años de prosperidad, a fin de inaugurarlo. Sin embargo, todos los fundamentalistas están unidos en la forzosa necesidad de evangelizar al mundo y traer una conversión moral auténtica a Jesucristo de tal manera que la gente se salve.

¿Cuáles son los "fundamentos"?

Como su nombre lo implica, a los fundamentalistas les preocupan las cuestiones "fundamentales" de la fe cristiana. En el corazón de su enseñanza está la creencia de que ciertas doctrinas centrales son esenciales a la fe cristiana. Éstas se expusieron en los panfletos llamados *Los fundamentos*. Según la visión de los fundamentalistas, estas verdades son tan básicas y tan necesarias que uno debe adherirse a ellas forzosamente y sin reservas. Se señalan cinco en particular:

(1) En lo más alto de la jerarquía de creencias fundamentalistas está la infalibilidad de la Biblia en todo lo que enseña. Es decir, que la Biblia no contiene errores. Exploraremos este asunto más ampliamente en el próximo capítulo. Aquí solamente necesitamos señalar que esta creencia enfatiza que, como la Biblia es la Palabra de Dios, de ninguna manera puede contener errores, ya sean históricos o científicos y mucho menos teológicos.

(2) La concepción virginal y el nacimiento de Jesús es otro principio central de la fe fundamentalista. Éste es esencial para preservar la comprensión de que Jesucristo era Dios.

(3) Una tercera creencia es que, mediante su sufrimiento y muerte en la cruz, Jesucristo, en sustitución, expió los pecados de la humanidad. Su acción singular redimió al mundo y les ofrece la salvación a quienes lo acepten como el Mesías, Hijo de Dios. Él es el único que repara la pecaminosidad humana. Él es quien murió por toda la humanidad. Es nuestro sustituto quien redime nuestra maldad.

(4) Creer en la resurrección física y corporal de Jesús es también crucial para la fe fundamentalista. La resurrección de Jesús es el acto esencial de vindicación de Dios de la proclamación de Jesús de ser el Mesías, el Hijo de Dios. Esta doctrina está unida de un modo muy importante a la creencia de que los muertos también resucitarán corporalmente cuando Cristo retorne en gloria para establecer el reinado final de Dios.

(5) Finalmente, la creencia en la parusía (del Griego *parousia*, "venida"), o literalmente, la segunda venida de Cristo para juzgar al mundo, es central. Muchos fundamentalistas llegan hasta el extremo de explicar en detalle el retorno físico de Cristo a la tierra, cómo deben prepararse para éste y lo que les sucederá a los creyentes fieles y a los pecadores impenitentes cuando Jesús retorne en gloria. En su jerga, esto se conoce como "el rapto", que se basa en un pasaje no muy conocido en San Pablo (1 Tes 4:16-17), el cual examinaremos más tarde.

Debemos notar que, con excepción de la primera doctrina, la cual tiene muchas implicaciones para la interpretación bíblica, la mayoría de los cristianos comparte estas creencias típicas de los fundamentalistas, aunque desde una variedad de posiciones y con diferencias de interpretación o de lenguaje descriptivo. Dentro del fundamentalismo existen variaciones en el enfoque del significado de estas doctrinas. Sin embargo, el temor de los fundamentalistas es que el pensamiento liberal moderno ha socavado estas doctrinas esenciales al darles demasiado énfasis a las explicaciones científicas racionales, especialmente de la manera como se interpreta la Biblia. Por consiguiente, defienden sus puntos de vista al referirse a la autoridad bíblica. Ya que se considera que la Biblia es la Palabra de Dios, los fundamentalistas, obviamente, ven la enseñanza bíblica como la última palabra en el asunto. ¡Es difícil obtener una autoridad mayor que Dios! Por esto es que su visión de la Sagrada Escritura es tan básica para la comprensión y da el punto central de este libro.

Principios de la fe fundamentalista

Estas creencias fundamentales van acompañadas de algunos principios importantes que se derivan de ellas y determinan el modo como los fundamentalistas operan. Enumero seis de ellos:

(1) La Biblia constituye la única autoridad para la vida cristiana. La Biblia es capaz de mediar la voluntad de Dios directamente. Cualquiera que tome la Biblia en sus manos

puede recibir el mensaje directo de Dios con precisión y sin mediaciones. No se necesita ningún intermediario. Algunas comunidades fundamentalistas se rehúsan a llamarse "iglesia", prefiriendo alternativas como "asamblea" o "comunidad". En su opinión, la mera mención de iglesia evoca una organización muy estructurada, autoritaria y externa al evangelio de Jesucristo. No se necesita a la Iglesia, ni ninguna otra autoridad externa para ayudar a interpretar la voluntad de Dios en la Biblia. Inclusive, algunas personas consideran que las iglesias oficiales son impedimentos para la salvación, y que, a lo más, los oficiales de las iglesias son innecesarios y, a lo menos, son obstáculos infranqueables para la salvación. El énfasis se pone en la fe individual. El Espíritu de Dios, carismáticamente, hace surgir a líderes quienes se vuelven muy versados en la Biblia y son capaces de predicar la Palabra de Dios efectivamente, trayendo así a otros a la fe.

(2) La salvación eterna viene sólo por medio de la reparación que Jesucristo logró. Por esto es que es tan crucial poder proclamar a Jesús como Señor y Salvador personal. Muchos fundamentalistas se definen a sí mismos como "cristianos renacidos". Ellos creen que así toman muy seriamente el mensaje de Jesús en el Evangelio de Juan con respecto a "nacer de nuevo" (Jn 3:3) e identifican este acto de conversión con un momento y un lugar específicos cuando uno acepta literal y verbalmente a Jesucristo como el Señor y Salvador personal. Hay siete pasos específicos para llegar a "renacer" (ver *Born Againism: Perspectives on a Movement*, de Eric Gritsch [Philadelphia: Fortress, 1982] 91–92):

- Reconocer explícitamente la propia condición pecadora
- Arrepentirse y renunciar directamente al pecado
- Invitar al Señor Jesús a ser parte de la vida de una persona para redirigirla
- Rendirse a la voluntad de Dios
- Superar el propio sufrimiento y sobrepasar los propios problemas
- Experimentar el cuidado directo de Dios
- Aceptar ahora la salvación que Dios da

Se cree que estas acciones transforman por completo la propia vida de una vez por todas.

(3) Cada cristiano debe evangelizar (del griego *euagelizomai*, "proclamar las buenas nuevas") al mundo mediante el testimonio personal. Siendo el mensaje evangélico tan crucial para la salvación, todo quien lo ha recibido tiene la responsabilidad de llevarlo a otros. Por lo tanto, los fundamentalistas son muy evangélicos en su fe. Ven la necesidad de evangelizar al mundo, para salvar a la humanidad del pecado. No pueden relajarse, sino que deben comprometerse activamente a difundir el mensaje de Jesús al mundo entero. Muchos grupos fundamentalistas son expertos en el trabajo misionero en los países en desarrollo como América del Sur o África, donde han tenido mucho éxito convirtiendo a la gente a su fe. También se preocupan mucho por la conversión de los judíos y de otras personas no-cristianas a quienes desean traer al rebaño de Cristo.

(4) Todo cristiano debe llevar una vida estrictamente moral. Esto generalmente va acompañado de prohibiciones estrictas como no fumar, no bailar, no consumir alcohol o usar drogas, no hacer apuestas, no jugar cartas, etc. Uno piensa en el eslogan, "No fumamos, ni bebemos, ni mascamos tabaco, ni vamos con las chicas que lo hacen". Por supuesto que esta actitud no los inmuniza contra el pecado. Como sucede con la mayoría de las denominaciones, han habido escándalos prominentes cuando se sorprendieron a algunos de sus líderes en el ministerio en adulterio u otras actividades inmorales. (Uno piensa en los escándalos sexuales de Jimmy Swaggart o de Jim Bakker a fines del siglo XX.) Algunas veces, este código moral estricto va hasta el extremo de evitar la participación en algunos eventos públicos tales como *Halloween* (que se asocia con la adoración de Satanás, las brujas, etc.), poner un árbol de Navidad (que se asocia con rituales paganos) o leer los cuentos de Harry Potter de J. K. Rowling (que se asocia con la brujería y la hechicería).

(5) Los cristianos deben ser militantes e inflexibles cuando se trata de preservar la verdad. Los fundamentalistas consideran que son los guardianes de la verdadera fe cristiana. Por consiguiente, deben oponerse militantemente a cualquier cosa

que piensen que va en contra del cristianismo auténtico. A menudo emplean el lenguaje de la guerra y de la batalla como se expresa en un himno compuesto en Inglaterra en 1864 que daba un sentido de un compromiso fuerte al mensaje cristiano. Los fundamentalistas están peleando una guerra cósmica entre el bien y el mal. Se oponen al estudio crítico moderno de la Biblia, a la secularización y al humanismo porque estos atacan valores básicos cristianos y, de hecho, los destruyen. Hasta dentro de sus propias organizaciones, algunas denominaciones fundamentalistas se han dividido severamente por pleitos internos cuando se creía que los líderes no estaban contrarrestando las influencias negativas del exterior. Algunos grupos fundamentalistas simplemente han decidido abandonar la sociedad a fin de preservar la fe auténtica. Estos separatistas algunas veces realizan la instrucción escolar de sus hijos en casa, para que ellos los valores principales americanos no los corrompan. Sin embargo, uno debe notar que algunos fundamentalistas consideran que algunos de los propios fundamentalistas son "demasiado" fundamentalistas a causa de su rigidez excesiva y su tendencia separatista exagerada.

(6) Finalmente, la mayoría de los fundamentalistas tiene una visión específica escatológica (del griego *eskaton*, "tiempo final") de los sucesos que se llevarán a cabo al final de los tiempos. Estos fundamentalistas esperan ansiosamente y anticipan que pronto será la segunda venida de Jesús. Su perspectiva escatológica añade urgencia a su mensaje, ya que sienten que queda poco tiempo y que están llamados a avanzar la propagación del mensaje de Jesús tan lejos y tanto como puedan antes que los acontecimientos del clímax del final de los tiempos se realicen. Para este principio, los fundamentalistas se apoyan en ciertos pasajes claves de la Biblia que se enfocan en expectativas apocalípticas (del griego, apokalypsis "revelación"), como el libro del Apocalipsis. Algunas veces sus interpretaciones de estos pasajes proyectan cuadros muy detallados de lo que sucederá cuando Dios finalmente establezca el reino eterno.

Estos seis principios funcionales son básicos para el fundamentalismo y encaminan de manera práctica los esfuerzos de propagar su mensaje.

Fundamentalismos en el mundo

Antes de proseguir hacia una exploración más profunda del enfoque fundamentalista de la Biblia, debo decir algo acerca del fundamentalismo en otras partes del mundo. A menudo los medios públicos de comunicación hablan de otros tipos de fundamentalismo que existen hoy día y que exhiben un fanatismo en actitudes políticas. Por ejemplo, en ocasiones los "fundamentalistas" radicales musulmanes o judíos en otros países capturan los titulares cuando hacen declaraciones dramáticas o, más aún, cuando se involucran en actividades violentas y terroristas. ¿Existe aquí una conexión con el fundamentalismo bíblico?

La respuesta a esta pregunta es que sí y que no. Afirmativamente, uno puede señalar ciertos parecidos en cualquier fundamentalismo religioso, sin importar la denominación. El profesor Martin E. Marty, un experto en la historia de la iglesia, indica once elementos comunes que pueden encontrarse en grupos "fundamentalistas" ("Fundamentals of Fundamentalism", 18–23):

- unos orígenes en culturas tradicionales y conservadoras
- un vago sentido de amenaza por parte de fuerzas externas
- un disgusto y un descontento con la vida
- una postura defensiva y reaccionaria
- un movimiento hacia la separación de los demás
- una búsqueda desesperada por la autoridad
- un deseo intencional de escandalizar a quienes se consideran intrusos
- una resistencia a la ambivalencia y a la ambigüedad
- una creación de una cultura dualista claramente definida
- una tendencia a la agresión para fomentar su perspectiva
- un colapsamiento del futuro en el presente por su visión exagerada de la victoria futura.

Estas características se muestran en varios tipos de fundamentalismo alrededor del mundo. Estudios recientes antropológicos y sociológicos afirman ciertas conexiones comunes entre los fundamentalistas. Los fundamentalistas de cualquier clase se apoyan en textos sagrados definidos que invocan la autoridad divina. De esta manera los musulmanes tienen su Corán y los judíos tienen su Tanak o Biblia hebrea. En estas religiones hay fundamentalistas que leen su "biblia" como los fundamentalistas americanos leen la Biblia. La manera típica fundamentalista de leer tales textos sagrados es hacerlo desde una perspectiva literal. A menudo el texto resalta ciertas posiciones o aspiraciones políticas y, una vez más, desde su perspectiva, es difícil contradecir la autoridad divina. Si Dios dictamina una "guerra santa", entonces así debe ser. Ése es el costo de defender la verdad.

También existe otra realidad que podríamos considerar mejor como tradicionalismo o dogmatismo que está unida al fundamentalismo. Esto es más una tendencia psicológica para operar de un modo absoluto y convincente que deja poco espacio para la concesión o la flexibilidad. Ciertas posiciones dogmáticas y preconcebidas guían las propias acciones y ninguna cantidad de razonamiento impedirá que uno vaya por el camino escogido. Para estar seguros, los elementos de una rigidez psicológica se muestran en todas las formas de fundamentalismo. Mencioné antes que un fundamentalismo de esta clase puede verse en cualquier lado del espectro político, de la izquierda o la derecha, del liberal o el conservador.

Sin embargo, la parte negativa de la proposición es que las realidades políticas únicas gobiernan muchos fenómenos fundamentalistas alrededor del mundo que son tan diversos que desafían una clasificación fácil. Ningún análisis puede explicar de manera uniforme cada faceta del fundamentalismo. Un escrutinio sociológico cuidadoso requiere una exploración de las circunstancias especiales que guían cada tipo de fundamentalismo. Este libro no es ni un estudio sociológico, ni antropológico ni tampoco psicológico. Primero que nada es un libro de instrucción sobre la Biblia con la finalidad de ayudar a comparar y contrastar los enfoques típicos fundamentalistas y no fundamentalistas de la Biblia, y comparar una posición fundamentalista hacia la Biblia con una católica.

Por consiguiente, no intentaré hablar del fundamentalismo como un fenómeno religioso universal. Otros expertos han explorado este territorio en estudios sofisticados (ver el trabajo de varios volúmenes *The Fundamentalisms Project* en la bibliografía). Más bien, mantendré un enfoque más modesto del fundamentalismo bíblico protestante americano que sigue existiendo actualmente en los Estados Unidos y que ha sido exportado a muchas otras áreas del mundo por cristianos evangélicos exuberantes. Ésta es la clase específica de fundamentalismo con la que los católicos más probablemente se encontrarán y que causa preocupación. Veamos ahora la piedra angular del fundamentalismo bíblico: cómo leer la Biblia.

2

Lo básico de la Biblia: un enfoque fundamentalista de la Escritura

La interpretación de la Biblia es donde el fundamentalismo a menudo choca con otros cristianos. Los fundamentalistas bíblicos han desarrollado un enfoque característico de la Escritura dentro de la esfera protestante. Este enfoque se debe comprender antes de poder compararlo con un enfoque católico. Este capítulo presenta las características principales de este enfoque de la Biblia.

Principios para la interpretación bíblica

El principio más importante al que los fundamentalistas se adhieren en cuanto a la interpretación bíblica es que la Biblia es la única autoridad de lo que Dios dice y desea. La Biblia es el único recurso que se necesita para obtener una guía en cuanto a la moral. Varios corolarios acompañan este principio. Primero, la Biblia contiene todo lo que se necesita saber. No se necesita suplementarla con otras doctrinas o creencias. Segundo, la Biblia dice exactamente lo que quiere decir y significa lo que dice. No hay necesidad de mediación externa para explicar lo que la Biblia enseña; su enseñanza es auto-evidente. El significado reside en las palabras actuales, y cualquiera que sepa leer puede entender su sentido claro. Tercero, siendo la Biblia la Palabra de Dios, debe ser inerrante; es decir, no contiene errores de ninguna clase. Este corolario se basa en un silogismo lógico de tres partes que se puede formular de la siguiente manera:

Premisa principal: Dios no puede errar.
Premisa secundaria: la Biblia es la Palabra de Dios.
Conclusión: por lo tanto, la Biblia no puede errar.

Éste es un concepto lógico en el sistema fundamentalista. Además, si la Biblia tuviera algún error hasta en algo insignificante, su verdad estaría totalmente en tela de juicio. ¡La infidelidad en cosas pequeñas, lleva a una mayor infidelidad en cosas más importantes! Un cuarto corolario es que la autoridad moral de la Biblia permanece válida para todos los tiempos. No puede haber concesiones en esa autoridad. Finalmente, los fundamentalistas creen que la fuerza profética de la Escritura se dirigió intencionalmente a nuestra época, sin importar su lugar histórico original.

Este principio, el más importante, y sus corolarios secundarios se interrelacionan y revelan un enfoque especial de cuatro conceptos que son claves para leer la Biblia: la autoridad (y el canon), la inspiración, la hermenéutica y la profecía. Cada uno de estos requiere cierta explicación.

La autoridad

La posición de que la Biblia es la única autoridad se remonta hasta los días de la Reforma de Martín Lutero y otros, en el siglo XVI. La frase en latín, *sola scriptura* ("sólo por la escritura") se convirtió en una característica del enfoque de los reformadores de la fe cristiana en comparación con la afirmación de la Iglesia católica de la importancia de la enseñanza de su magisterio a través de la historia. Esta frase iba junto con otras dos expresiones en latín que recalcan que los protestantes sólo dependen de Dios (*sola fide*, "sólo mediante la fe" y *sola gratia*, "sólo mediante la gracia"). Sin embargo, los fundamentalistas encuentran muy difícil mostrar que en la Biblia hay un pasaje que asegura que ella sola es suficiente como guía moral. De hecho, algunos fundamentalistas reconocen que ningún lugar en la Biblia reclama esta autoridad única, pero ellos mantienen éste como un principio básico.

Hay muy pocos pasajes que sin mucha convicción se refieren a los escritos sagrados. Tres de ellos sobresalen. Un ejemplo es el magnífico pasaje de Isaías que dice:

> Como bajan la lluvia y la nieve de los cielos y no vuelven allá sin haber empapado la tierra, sin haberla fecundado y haberla hecho germinar, para que dé la simiente para sembrar y el pan para comer, así será la palabra que salga de mi boca. No volverá a mí con las manos vacías sino después de haber hecho lo que yo quería, y haber llevado a cabo lo que le encargué. (Is 55:10-11)

Este pasaje altamente poético del profeta anónimo del exilio babilónico llamado segundo Isaías habla de la eficacia de la Palabra de Dios. Sin embargo, debemos notar que una postura fundamentalista no reconocería la naturaleza compleja del libro de Isaías. La mayor parte de los eruditos, sean protestantes, católicos o judíos, creen que el libro de Isaías consiste actualmente de las profecías de tres profetas de tres períodos diferentes en la historia de Israel, Isaías de Jerusalén (siglo VIII a.C.) y dos profetas anónimos que datan de períodos posteriores (siglos VI–V a.C.) y quienes se designan como segundo y tercer Isaías. Los escribas combinaron estos materiales en un solo libro debido a las similitudes de la visión profética y de los temas de las profecías. También es posible que los profetas anónimos posteriores hayan decidido conscientemente usar el estilo de Isaías, el gran profeta del siglo VIII. En todo caso, la naturaleza del libro es compleja.

En el contexto de Isaías 55:1-13, el mensaje de este pasaje se relaciona con la promesa de Dios de restaurar al pueblo elegido después de su exilio. La Palabra de Dios se compara a la lluvia y a la nieve que vienen del cielo y fecundan la tierra. La Palabra de Dios es fiel; ha prometido restaurar a Israel y así será. Así como el agua transforma el desierto en un jardín, así la Palabra de Dios transformará, una vez más al pueblo de Israel, estéril y desanimado, en una nación gozosa. Entonces, el mensaje principal es que es posible confiar en la Palabra de Dios. Dios habla, se cumple la voluntad de Dios. La promesa de la eficacia de la Palabra de Dios no se refiere a si Dios emplea o no otros medios, además de la Palabra, para cumplir la voluntad divina. Este pasaje simplemente afirma que la Palabra de Dios es efectiva. Los otros dos pasajes principales que conscientemente hablan de la Escritura, se relacionan más bien con la inspiración, la cual trataremos un poco más adelante.

La autoridad y el canon

Otro aspecto importante de la autoridad es la noción del canon. Todos los cristianos consideran que la Biblia es literatura canónica. El concepto de canon se deriva del griego (*kanōn*, "vara de medir o norma"). Implica que la Biblia puede usarse para medir el propio progreso espiritual y moral. Decir que la Biblia es un canon es aceptarla como una colección de obras autoritativas cuya finalidad es dirigir la propia vida. Al igual que otros cristianos, los fundamentalistas claramente reconocen esta función canónica de la Escritura, pero consideran que el origen del canon no es histórico. Ellos afirman la existencia del canon, pero no el proceso de su formación. Muchos fundamentalistas consideran la formación de la Biblia como una realidad revelada, como si de pronto ésta hubiera aparecido en medio de la humanidad con su mensaje divino intacto. No son tan ingenuos como para pensar que la Biblia cayó repentinamente del cielo, sino que de algún modo, Dios guió a los autores sagrados para escribir cada palabra con una exactitud infalible y así producir un texto infalible.

La mayoría de los eruditos bíblicos, sean protestantes o católicos, reconocen los orígenes complejos del canon de la Sagrada Escritura. Los escritos del Antiguo y Nuevo Testamento evolucionaron durante miles de años en un proceso que incluyó tradiciones orales, escritas, compiladas y editadas que inevitablemente permitió agregaciones. La comunidad cristiana, la Iglesia misma, tuvo que decidir, en un momento determinado, cuáles libros debían considerarse canónicos y cuáles no. La mayoría de los eruditos piensa que el canon del Nuevo Testamento se concluyó definitivamente alrededor del siglo IV d.C., alrededor de la época de San Atanasio, obispo de Alejandría (ca. 367 d.C., fecha de su trigésima novena carta

festiva de Pascua, la cual da una lista del canon de la Escritura
como lo tenemos hoy día). Este proceso es importante para la
interpretación porque permite explicar las contradicciones y
el desarrollo histórico de las perspectivas morales diferentes
a través del tiempo, algo que el enfoque fundamentalista de la
Biblia ignora. Ellos no reconocen que la Iglesia formó el canon
de la Sagrada Escritura bajo la guía del Espíritu Santo.

También debemos notar que la formación del canon no fue
completamente arbitraria. Ya existían algunos criterios acep-
tados que la Iglesia empleó para determinar qué libros incor-
porar en el canon y cuáles excluir. Entre estos criterios se
encontraba el de la supuesta autoría apostólica de los textos,
la antigüedad aceptada de los mismos, su uso público exten-
dido entre varias comunidades cristianas, su inspiración aceptada como textos sagrados, su constancia general unos con
otros y la perspectiva doctrinal aceptada sobre Jesucristo. Sin
embargo, el proceso no siempre se realizó sin problemas y
causó desacuerdos, algunos de los cuales duraron siglos. En
ciertos momentos, la Iglesia decidió excluir unas de las primeras obras del canon como la Didaké, las cartas de Ignacio de
Antioquía y el Pastor de Hermas, con los evangelios apócrifos
más sospechosos. Nuestro punto principal aquí es enfatizar el
desarrollo largo y complicado de la formación del canon cristiano que los fundamentalistas tienden a ignorar.

La inspiración

La autoridad canónica de la Biblia se basa en la afirmación
de que es literatura inspirada. Su origen único procede de Dios
quien es el autor por excelencia del contenido de la Biblia. Para
los fundamentalistas, el pasaje más importante para la autoridad bíblica de la Escritura viene de 2 Timoteo, que dice:

> Toda Escritura es inspirada por Dios y es útil para enseñar,
> rebatir, corregir y guiar en el bien. Así el hombre de Dios se
> hace un experto y queda preparado para todo trabajo bueno.
> (3:16-17)

La razón para darle esta autoridad a la Biblia se debe a que
todos los cristianos la consideran como una literatura inspirada
de una manera única. Ninguna otra literatura tiene la misma
autoridad. La belleza y verdad contenidas en los escritos de

William Shakespeare, Robert Frost o tu autor favorito, pueden inspirar, pero tal literatura no se considera inspirada. Examinemos esta noción de inspiración más cuidadosamente.

Todos los cristianos creen que la Biblia es la Palabra inspirada de Dios. Se apegan a lo que se conoce como la "doctrina de la inspiración". Afirmar que la Biblia es inspirada no es lo mismo que decir cómo esta inspiración opera o se logra. Exactamente, ¿qué es lo que el pasaje 2 Timoteo nos dice? Hay varias observaciones importantes.

Primero, nótese que la expresión "toda escritura" (en griego, *pasa graphē*) se refiere a las escrituras que las personas, a quienes se les dirige la carta, conocen (cf. también la expresión "según las Escrituras" en 1 Cor 15:3,4). En la época cuando se compuso esta carta, el Nuevo Testamento todavía no existía como colección de obras autoritativas. (Se disputa la autoría de la carta. La mayoría de los eruditos la fechan ca. 64–68 d.C. u 80–90 d.C., dependiendo de si los primeros discípulos de Pablo o los que vinieron más tarde, que habrían escrito en su nombre, la escribieron. La mayoría de los eruditos duda que Pablo la haya escrito.) En otras palabras, la referencia a las Escrituras es lo que los cristianos llaman el Antiguo Testamento (la Biblia hebrea), la cual era la Escritura autoritativa para los primeros cristianos, tal como ellos la conocían. Por supuesto, más tarde la interpretación cristiana reconoció que toda Escritura considerada canónica derivaría la misma autoridad. Por eso hoy día es que el pasaje puede aplicarse a ambos Testamentos de la Biblia.

Segundo, el adjetivo "inspirada" (del griego *theopneustos*) literalmente significa "del aliento de Dios". Éste sólo aparece una sola vez en toda la Biblia y es en este pasaje. Igual que en la palabra castellana "inspirar" (soplar adentro de algo), la raíz griega también afirma que Dios ha soplado vida o significado dentro de estas palabras llamadas Escritura. Éstas contienen el Espíritu de Dios. Dios es el autor por excelencia de estos escritos, aunque trabajando a través de los autores humanos. La palabra "inspirado/a" no tiene ningún significado oculto de cómo se logra la inspiración. Tampoco resuelve el "qué" de la inspiración. ¿Es la palabra oral o la escrita? ¿Son las palabras hebreas o las griegas? ¿Son las traducciones? La expresión meramente afirma que Dios es la fuente de estas palabras.

Dios es el autor por excelencia y por lo tanto, los escritos sagrados contienen el mensaje que Dios quiso.

Finalmente, el pasaje resume por qué es importante tener literatura inspirada. Es útil (en griego, *ōphelimos*, "útil, beneficioso, ventajoso") para una variedad de tareas cristianas: enseñar, regañar, corregir y educar en cuanto a la justicia. El objetivo es la formación de un cristiano respetable. La Biblia es útil en cuanto a esto. A pesar de su estatus único inspirado, la Biblia nunca reclama que es la única fuente para la formación cristiana. Más bien, por medio de la instrucción y de guiar moralmente a vivir una vida justa, la Escritura es una guía confiable, un recurso útil. De hecho, todos los cristianos considerarían la Biblia como indispensable para vivir una vida auténticamente cristiana. Sin embargo, el pasaje no explica exactamente cómo la inspiración opera ni tampoco defiende el principio de *sola scriptura*.

Otro pasaje que los fundamentalistas usan para explicar su opinión sobre la inspiración se encuentra en 2 Pedro:

> Sépanlo bien: ninguna profecía de la Escritura puede ser interpretada por cuenta propia, pues ninguna profecía ha venido por iniciativa humana, sino que los hombres de Dios han hablado motivados por el Espíritu Santo. (1:20-21)

Básicamente, este pasaje dice que las profecías no tienen un origen humano, sino divino. El "Espíritu Santo" es la fuente de la profecía, y su interpretación no se basa en lo que una persona comprende, sino en el significado que Dios puso en los escritos sagrados. Pero aquí notamos otra vez que el pasaje no explica cómo alguien puede llegar a una interpretación correcta. Asegurar que el Espíritu Santo es la fuente de la Escritura y su intérprete auténtico es compatible con la naturaleza inspirada de la Biblia, pero no resuelve el "cómo" de la interpretación. De manera interesante, este pasaje también va en contra de la interpretación personal, algo que es característico del enfoque fundamentalista.

Ya que la doctrina de la inspiración es parte esencial de todas las denominaciones cristianas, no es sorprendente que cada una de éstas haya tratado de determinar cómo funciona la inspiración. Los fundamentalistas aceptan la teoría de la "inspiración verbal plenaria". Esto significa que cada palabra de las ediciones autógrafas de la Biblia (o sea, las originales) está completamente inspirada y es inerrante. Los fundamentalistas entienden su teoría de la inspiración de acuerdo a tres principios:

(1) Las palabras en la Biblia son inspiradas; o sea, no sólo el mensaje está inspirado, sino que las palabras también.

(2) La Biblia es totalmente inspirada; o sea, las palabras no son meramente palabras humanas, sino Palabra de Dios, que contienen totalmente el mensaje que Dios quería.

(3) La Biblia es completamente inerrante; o sea, absolutamente infalible.

A propósito, debemos notar que los términos "inerrante" e "infalible" se usan como sinónimos. Sarcásticamente, algunos protestantes hablan del uso extremadamente autoritario de la Biblia como el "papa de papel", haciendo la conexión bastante explícita. Un portavoz fundamentalista resume la inerrancia de este modo:

> La Biblia en todas sus partes constituye la Palabra escrita de Dios para la humanidad. Esta Palabra está libre de todo error en sus escritos autógrafos originales. . . . Es totalmente confiable en asuntos de historia y doctrina. . . . [Los] autores de la Escritura, bajo la guía del Espíritu Santo, fueron protegidos para que no cometieran errores factuales, históricos, científicos o de otra índole. (Harold Lindsell, *The Battle for the Bible* [Grand Rapids, Mich.: Eerdmans, 1976] 30–31)

La misma palabra "autógrafos" requiere alguna explicación. Los fundamentalistas basan su convicción en la existencia de manuscritos originales—como se describe, por ejemplo, en Jer 36:1-32, que menciona que Jeremías le dictó sus palabras a su secretario Baruc—las cuales eventualmente se perdieron con el tiempo. Sin embargo, como los autógrafos ya no existen, no hay manera de reconstruir el texto original con certeza. Por ejemplo, existen varios miles de manuscritos griegos del Nuevo Testamento, pero ninguno es original. Son copias de copias escritas por escribas a lo largo de siglos, quienes tenían la tarea de preservarlos y pasarlos a las generaciones futuras. Los manuscritos, muchos en estado fragmentario, datan de alrededor del siglo II al X d.C., cientos de años después de que ocurrieron los eventos que relatan. No existe ningún método a prueba de error para determinar cómo eran los autógrafos de estas copias, así que es problemático determinar el objeto de esta idea de la inspiración.

Aunque los fundamentalistas mantienen la teoría de la inspiración absoluta, hoy en día pocos se adhieren a la "teoría del dictado" de la inspiración, en la cual Dios dictó directamente las palabras a los autores humanos. La capacidad de los eruditos para examinar los manuscritos por medio de la "crítica textual", por la cual se pueden trazar pequeñas diferencias de expresión en los idiomas originales a errores cometidos por los escribas, ha mostrado la improbabilidad de cualquier método de dictado. El autor antes citado, Harold Lindsell, enfatiza la inutilidad de la teoría del dictado, aunque reconoce que ésta se resiste a morir entre algunos fundamentalistas ultra conservadores.

La teoría de la inspiración verbal total enfatiza la necesidad de interpretar la Biblia literalmente, pero no en cada caso. Por lo tanto, cuando la Biblia dice que el mundo fue creado en siete días (Gn 1:1–2:4), entonces literalmente significa en una semana de días de veinticuatro horas, tal como lo entendemos hoy. Cuando la Biblia dice que las murallas de Jericó cayeron al sonar las trompetas y los gritos (Jos 6:1-20), entonces quiere decir que esto fue lo que literalmente pasó. Pero cuando la Biblia dice: "Por eso, si tu ojo derecho te está haciendo caer, sácatelo y tíralo lejos" (Mt 5:29) o "tomarán con sus manos serpientes y, si beben algún veneno, no les hará daño" (Mc 16:18), no todos los fundamentalistas tomarían estos consejos literalmente. Ellos también reconocen el uso de lenguaje metafórico en la Biblia como símbolos, metáforas e hipérboles aún cuando se apeguen a una interpretación más literal. Otros evangélicos y protestantes se adherirían a una teoría de la inspiración menos estricta, "inspiración verbal limitada", relacionando la inerrancia de la Biblia a asuntos de fe y moral, más que de historia o de ciencia.

Como puede ver el lector, explicar la teoría de la inspiración puede ser un asunto complejo. Los intentos fundamentalistas de explicar cómo opera, dejan mucho que desear. El aceptar la inspiración verbal total nos pone en una posición difícil para tratar con las contradicciones en la Biblia.

La hermenéutica

A menudo el uso de la Biblia se encuentra en el centro de las controversias sobre la interpretación. ¿Cómo aplicar textos antiguos a las situaciones nuevas y modernas? Hermenéutica es una palabra rimbombante para decir "interpretación" (del Griego, *hermeneuō*). Se podría decir que el verdadero reto crítico para todos los cristianos es aprender cómo interpretar la Biblia correctamente. Cada época ha tenido que luchar con el cómo aplicar las Sagradas Escrituras a su propia era y a su propia vida. Así como hay teorías diferentes relacionadas con la inspiración, también la hermenéutica tiene varios enfoques distintos.

En lo relacionado con la hermenéutica, los fundamenta-listas toman una posición que podríamos llamar "transferencia directa". Esto significa que la Biblia puede aplicarse directa-mente a todos los asuntos, no sólo religiosos, sino también científicos e históricos. Un corolario a este enfoque es que el Nuevo Testamento interpreta el Antiguo y lo sobrepasa en términos de ritual, pero no en términos de enseñanza moral. También, otros evangélicos usan un enfoque más amplio que dice que la Biblia puede aplicarse directamente en cuestiones de fe y moral, pero no en historia o ciencia.

Los pasajes que son ambiguos se interpretan usando pasajes que son más claros, para que las contradicciones, en lugar de ser reales, sólo aparentan serlo. Los fundamentalistas hacen todo lo posible cuando interpretan la Biblia para reconciliar las contradicciones aparentes en la Biblia. Veamos unos cuan-tos ejemplos.

Un buen ejemplo es la manera como enfocan Génesis 1–2 que la mayoría de los eruditos consideran como dos relatos distintos de la creación, escritos por autores diferentes y en épocas distintas. La mayoría de los expertos bíblicos aceptan el origen de Génesis 1 alrededor del siglo VI a.C. con un grupo de escribas que se preocupaban por preservar las tradiciones litúrgicas de los judíos (por esto la preocupación por el esquema de siete días de la creación y la noción del sábado). Por otra parte, Génesis 2 se origina a partir de otra tradición primitiva más temprana cuyo origen se remonta al siglo X a.C. Sin embargo, los fundamentalistas no consideran los dos relatos como separados. El primero (Gn 1:1–2:4) es un relato poético y el segundo (Gn 2:4-25) es más antropomórfico, es decir, describe a Dios en términos muy humanos como un escultor divino que forma al primer ser humano sacándolo del polvo. Para los fundamentalistas, éste no es un segundo relato de la creación, sino simplemente "más detalles" del relato de la creación. Esto hace que las diferencias entre éstos sean meramente cuestión de apariencia y no significativas. También insisten en que se enseñe esta visión de la creación como una teoría científica a la par con la teoría de la evolución. Pelean por lo que ellos llaman "creacionismo científico". En su opinión, ésta es una teoría científica tan válida como cualquier otra. Luchan convincentemente para mantener la enseñanza de que Adán y Eva literalmente son figuras históricas.

Encontramos otro ejemplo en la tendencia de unir los relatos bíblicos en una sola presentación. Por eso, cuando los evangelios sinópticos (Mateo, Marcos y Lucas) ponen la descripción de Jesús cuando expulsa a los vendedores del Templo al final de su ministerio público y Juan la pone al principio de ese ministerio, los fundamentalistas ven estos relatos como dos sucesos por separado—uno de ellos que se llevó a cabo primero y el otro más tarde en el ministerio de Jesús (cf. Mt 21:12-13; Mc 11:15-17; Lc 19:45-46; Jn 2:13-17). La mayoría de los eruditos juzga que es extremadamente improbable que Jesús hubiera realizado dos veces la expulsión del Templo, dada la naturaleza volátil de ese gesto. Una explicación más probable es que los evangelistas ejercieron la licencia poética al poner el relato en lugares separados en sus evangelios por razones teológicas más que por razones históricas.

La muerte de Judas es otro ejemplo de cómo los fundamentalistas manejan las contradicciones bíblicas. Un relato nos narra cómo Judas se ahorcó en desesperación (Mt 27:5). Un segundo relato nos presenta a Judas que se tiró de cabeza, se le reventó el cuerpo y se le salieron las entrañas (Hech 1:18). Los fundamentalistas explican la discrepancia uniendo los dos relatos en uno solo. Ellos teorizan que Judas se ahorcó cerca de un risco y que la cuerda se reventó, cayó dando tumbos desde el risco y reventó. Aunque esto no es inherentemente imposible, parece más bien una manera complicada para explicar lo que probablemente son dos tradiciones diferentes de la muerte del traidor que circulaban en comunidades distintas.

Lo más importante en la interpretación fundamentalista es que la Palabra de Dios de ningún modo puede ser contradictoria. Uno debe buscar las explicaciones de las aparentes contradicciones en otros lugares. También debo notar que no todos los fundamentalistas son ingenuos con respecto a la transmisión del texto bíblico. Algunos reconocen que ciertas copias del Nuevo Testamento griego o de la Biblia hebrea podrían contener errores textuales que se pudieron haber introducido cuando un escriba poco atento o menos habilidoso copiaba de un texto anterior. Sin embargo, sostienen que los autógrafos no podrían de ningún modo contener esos errores.

Otro aspecto de la hermenéutica trata de la reclamación fundamentalista de que el significado de los pasajes en la Biblia es evidente por sí mismo. Ellos dicen que prácticamente cualquiera puede tomar la Biblia y entenderla porque su sentido literal y sencillo se entiende fácilmente. Pero el hecho de que *The Scofield Study Bible* contiene largas notas explicativas e interpretaciones debilita esta afirmación. Hasta los fundamentalistas necesitan la asistencia de conocedores expertos para ayudarlos con la interpretación bíblica. La literatura antigua, sea bíblica o no, no siempre es fácil de entender. Además, ya que la Biblia se escribió en lenguajes extranjeros que pocos expertos conocen (hebreo, arameo, griego koiné), el cristiano promedio queda en desventaja con respecto a la interpretación sin la ayuda de ayudas y expertos quienes puedan ayudar a explicar el texto.

La profecía

La literatura profética de la Biblia es otra área en la que los fundamentalistas tienen un enfoque diferente con respecto a la interpretación. Ya que gran parte de la Biblia es profecía y cumplimiento, los fundamentalistas están extremadamente interesados en cómo estas profecías se pueden aplicar hoy día.

Los fundamentalistas creen que el propósito de la Biblia es que ellos la usen hoy día y en este contexto moderno. Por lo tanto, las profecías se dirigen al presente más que al pasado. No debe sorprendernos que los fundamentalistas se sienten atraídos a los libros proféticos más dramáticos como Daniel o el Apocalipsis. Creen que estos libros se relacionan directamente a los tiempos modernos y describen la tremenda confrontación entre el bien y el mal, entre Dios y Satanás, que ellos creen que está sucediendo en el presente. El ejemplo de un escritor fundamentalista muestra qué algunas veces esta perspectiva puede ser muy limitada:

> ¡La profecía de Daniel . . . no era un mensaje para . . . Israel . . . ni un mensaje para Judá! . . . ¡La mera verdad es que estas profecías se escribieron para NUESTRA GENTE DE NUESTRA ÉPOCA, y para ninguna otra gente o época! ¡Se relacionan con la condición del mundo HOY DÍA, y no se pudieron entender hasta hoy! . . . ¡Queda enfáticamente claro que estas profecías no pertenecen a NINGUNA ÉPOCA sino a la nuestra, en este siglo XX! (Citado en Lloyd J. Averill, *Religious Right, Religious Wrong* [New York: Pilgrim Press, 1989] 133, el énfasis está en el original)

Puede que el pasaje sea extremo en su perspectiva, pero ilustra bien la tendencia fundamentalista de interpretar la Biblia fuera de su contexto histórico. La aplicación directa e inmediata tiene prioridad sobre una aplicación enraizada en la historia, conforme se acercaba el tercer milenio cristiano con el año 2000, algunos fundamentalistas se obsesionaron con la idea de que la segunda venida de Cristo era inminente y que las profecías de la Biblia por fin estaban llegando al clímax de su cumplimiento. Esta actitud no es nueva en la cristiandad. Periódicamente en la historia, especialmente alrededor de fechas importantes como un nuevo siglo o milenio, algunos grupos han adoptado esta misma actitud. Algunos aspectos de la profecía bíblica se prestan bien a tal fervor, como la literatura apocalíptica de la Biblia (p.e. el libro de Daniel, Is 24–27; Zac 9, 14; Mc 13; Mt 24–25; el libro del Apocalipsis). Las características de tal literatura apocalíptica coinciden con la perspectiva de los fundamentalistas, incluyendo las siguientes actitudes:

- una visión dualista del mundo, en la cual uno o está bien o está mal, sin haber matices intermedios;
- la convicción de que el mal aumenta más y más en el mundo y que las condiciones están empeorando;
- una creencia determinista de que Dios ha preordenado los resultados de la historia humana;
- una fuerte creencia de que una gran confrontación cataclísmica entre Dios y Satanás pondrá fin a la historia humana y establecerá por fin un reino de justicia;
- un llamado urgente a todos a llevar una vida recta más ética como preparación para la victoria de Dios sobre el mal.

Ya que los fundamentalistas creen que la profecía se le aplica directamente a nuestra época, hay menos preocupación por lo que el pasaje pudo haber significado cuando se escribió que por su aplicabilidad hoy día. Por ejemplo, a fines del siglo XX, se pensó que algunos aspectos del libro del Apocalipsis se referían a Rusia y a la caída del comunismo. La preferencia por tal literatura profética da urgencia al mensaje fundamentalista. También refuerza la idea de que, al igual que muchos profetas y santos antes que ellos, tendrán que sufrir mucho por servir a la causa de la predicación del mensaje evangélico. En última instancia, ellos creen que serán victoriosos y parte de los divinos elegidos quienes entrarán al reino celestial.

Éstos son los elementos principales del enfoque fundamentalista de la Biblia. Se relacionan con las ideas principales de autoridad y canon, inspiración, hermenéutica y profecía. Naturalmente, la interpretación de pasajes específicos varía de acuerdo a preocupaciones específicas, pero el enfoque básico fundamentalista de la interpretación bíblica sigue los principios y suposiciones señaladas antes. Ahora vamos hacia una breve exposición de una perspectiva católica de la Biblia, para ver cómo se compara con el enfoque fundamentalista.

3

Lo básico de la Biblia: un enfoque católico de la Escritura

¿Cómo se compara un enfoque fundamentalista de la Biblia con uno católico? Los enfoques no se pueden comparar entre sí, sin embargo todos los puntos que se mencionaron antes se pueden tratar de una u otra manera. Después de unos cuantos comentarios introductorios, expondré los principios más importantes de un enfoque católico de la Escritura.

Comentarios introductorios

Para comenzar, debemos reconocer que la misma organización de la Iglesia católica es sorprendentemente diferente de la de las comunidades fundamentalistas. Los católicos tienen una estructura jerárquica que guía a la Iglesia. A diferencia de las comunidades fundamentalistas, la Iglesia católica tiene un conjunto de enseñanzas oficiales sobre la Biblia, el cual es parte de su magisterio (grupo oficial de enseñanzas católicas). Éstas señalan clara y sucintamente los parámetros de la interpretación bíblica católica. Además, debido a la estima que la Iglesia católica siente por la Biblia, hay un departamento oficial a cargo de la vigilancia en el área de los estudios bíblicos. El papa León XIII fundó la Pontificia Comisión Bíblica en

1902, que consiste de un equipo internacional de expertos en la Biblia. Su propósito es promover el estudio católico de ésta, bajo la cuidadosa autoridad magisterial de la Santa Sede.

Un segundo aspecto de la perspectiva católica es la aceptación de los métodos modernos, científicos para estudiar e interpretar la Biblia. Los católicos no son los únicos que aceptan los métodos histórico-críticos y otros más nuevos de estudiar la Biblia. La mayor parte de las denominaciones protestantes principales tiene un enfoque similar. Entonces, el contraste no es entre los enfoques católicos y los enfoques fundamentalistas de la Biblia, sino entre quienes aceptan el estudio científico de la Biblia y quienes no. A diferencia de los fundamentalistas que ven tal enfoque erudito de la Biblia como algo que socava la autoridad bíblica, la Iglesia católica ha aceptado firmemente, como algo esencial, el estudio objetivo científico de la Biblia. Básicamente, uno de los objetivos de la batalla fundamentalista contra el modernismo es un instrumento que el enfoque católico de la Escritura acepta.

Un tercer comentario introductorio es una nota histórica. En el pasado, los católicos también tuvieron lo que básicamente constituía un enfoque fundamentalista de la Biblia. Antes del siglo XX la Iglesia católica era muy escéptica y temía el estudio científico de la Biblia como muchos otros cristianos fanáticos de la Biblia, aunque la Biblia no jugaba un papel importante en la vida diaria católica como sucedía en la protestante. Dos pasajes de la encíclica sobre la Biblia, del papa León XIII, *Providentissimus Deus* (1893) ilustran este punto:

> En efecto, los libros que la Iglesia ha recibido como sagrados y canónicos, todos e íntegramente, en todas sus partes, han sido escritos bajo la inspiración del Espíritu Santo; y está tan lejos de la divina inspiración el admitir error, que ella por sí misma no solamente lo excluye en absoluto, sino que lo excluye y rechaza con la misma necesidad con que es necesario que Dios, Verdad suma, no sea autor de ningún error.

> . . . Síguese que quienes piensen que en los lugares auténticos de los libros sagrados puede haber algo de falso, o destruyen el concepto católico de inspiración divina, o hacen al mismo Dios autor del error. (nos. 45.47)

Notemos que el lenguaje no es muy diferente de una posición típicamente fundamentalista. A pesar de la naturaleza progresista de esta encíclica, algunas ideas expresadas en ella todavía se regían por el punto de vista precientífico. En el siglo XIX la Iglesia todavía no distinguía entre la falta de error en la enseñanza histórica y científica y la falta de error en la verdad moral y religiosa.

Hasta al principio del siglo XX la Iglesia católica se opuso a algunos estudios científicos que conducían a conclusiones que se creían incompatibles con la enseñanza católica sobre la Biblia. Por ejemplo, la Iglesia se resistió durante algún tiempo a la conclusión de los eruditos de que Moisés no pudo haber sido el autor de los primeros cinco libros del Antiguo Testamento (el Pentateuco), como la antigua tradición judía y cristiana afirmaba. En contraste existía evidencia convincente de múltiples autores que escribieron en circunstancias diferentes a lo largo de un gran período de tiempo. Por un tiempo, la Iglesia católica rechazó estas nuevas teorías, apegándose a que Moisés fue el autor del Pentateuco. La Pontificia Comisión Bíblica atacó tales teorías científicas en una serie de enseñanzas entre 1905 y 1915, las cuales se abandonaron después.

Debemos notar que, a pesar de que la Iglesia católica tuvo algunas tendencias hacia el fundamentalismo como parte de su historia, la misma ha resistido el uso del término "inerrancia" en lo relacionado con la Biblia. Que yo sepa, la palabra nunca se ha usado en la enseñanza doctrinal oficial de la Iglesia a nivel de un concilio ecuménico. Esta palabra está llena de un considerable bagaje—una opinión del mundo, podríamos decir—que se inclina hacia una interpretación demasiado literal de la Biblia. El Vaticano II usa la expresión "sin error" más que la palabra "inerrancia" a fin de evitar la sugerencia de la exactitud histórica y científica de la Biblia (ver *Dei Verbum*, la Constitución sobre la Divina Revelación, no. 11; también citada en el Catecismo de la Iglesia católica no. 107). Aunque diré más sobre esta distinción más adelante, debemos notar que la posición de la Iglesia católica de la falta de error en la Biblia sólo abarca la enseñanza moral y doctrinal, no la científica ni la histórica. Además, permite el crecimiento en la perspectiva moral en la Biblia, reconociendo que la percepción moral se profundizó más con el tiempo. No toda enseñanza moral en la Biblia tiene la misma importancia.

En 1943, en el quincuagésimo aniversario de la encíclica de León XIII, la perspectiva de la Iglesia católica sobre la interpretación de la Biblia cambió dramáticamente. El papa Pío XII publicó una encíclica revolucionaria sobre los estudios bíblicos, la cual les dio libertad a los eruditos bíblicos católicos para emplear todos los medios científicos posibles para explorar la Biblia a fin de exponer su significado. Una cita de la encíclica *Divino Afflante Spiritu* es instructiva:

> Armado egregiamente con el conocimiento de las lenguas antiguas y con los recursos del arte crítica, emprenda el exegeta católico aquel oficio que es el supremo entre todos los que se le imponen, a saber, el hallar y exponer el sentido genuino de los sagrados libros. Para el desempeño de esta obra tengan ante los ojos los intérpretes que, como la cosa principal de todas, han de procurar distinguir bien y determinar cuál es el sentido de las palabras bíblicas llamado literal. Sea este sentido *literal* de las palabras el que ellos averigüen con toda diligencia por medio del conocimiento de las lenguas, valiéndose del contexto y de la comparación con pasajes paralelos; a todo lo cual suele también apelarse a favor de la interpretación de los escritos profanos, para que aparezca en toda su luz la mente del autor. (no. 15)

Esta posición representó un cambio con respecto a la encíclica de León XIII. No sólo proveyó los ímpetus necesarios a los eruditos católicos para el desarrollo y el ejercicio de sus habilidades lo mejor posible, sino que también exhortaba a los exégetas católicos a realizar su trabajo en libertad, sin temor de acoso injusto o del ridículo. Reconociendo que pocas veces la Iglesia se ha pronunciado oficialmente en cuanto al significado de pasajes individuales, un párrafo de la encíclica de Pío XII llama a todos los católicos a honrar y respetar la ardua labor de los eruditos bíblicos cuya tarea es la exploración de la gran cantidad de datos de las Escrituras para cualquiera que sea el significado profundo que se pueda discernir. El papa escribe:

Quedan, pues, muchas y ellas muy graves, en cuyo examen y exposición se puede y debe libremente ejercitar la agudeza y el ingenio de los intérpretes católicos, a fin de que cada uno, conforme a sus fuerzas, contribuya a la utilidad de todos, al adelanto cada día mayor de la doctrina sagrada y a la defensa y honor de la Iglesia. (no. 31)

Desde que esta encíclica se publicó, los eruditos católicos se han dedicado públicamente al estudio científico de la Biblia. Muchos de los resultados de estos estudios influyeron los documentos del Concilio Vaticano II y continúan impactando la vida postconciliar de la Iglesia. En cierto sentido, la experiencia bíblica católica llegó a su madurez. En poco tiempo, los estudios bíblicos católicos se pusieron al nivel e igualaron los estudios bíblicos protestantes principales empleando las mismas ayudas y los mismos métodos, aunque interpretando desde el contexto de la fe de la Iglesia católica. Personas como Raymond E. Brown, S.S., Joseph A. Fitzmyer, S.J., y Roland E. Murphy, O.Carm., fueron reconocidos a nivel internacional como expertos en la Biblia, a la par de sus equivalentes protestantes. Anterior a ellos, algunos de sus predecesores menos famosos discretamente habían realizado avances mayores en los estudios bíblicos, a menudo investigando la Biblia en bibliotecas y monasterios fuera del alcance público o sólo en el mundo de los eruditos. Sus investigaciones ayudaron a colocar los cimientos para el Vaticano II. Miríadas de otros eruditos católicos han seguido sus indicaciones en el estudio bíblico científico. Este desarrollo también ha significado que el enfoque católico de la Escritura no ha tomado el camino hacia el fundamentalismo, sino hacia el estudio moderno crítico de la Biblia, al cual el fundamentalismo se opone.

Una declaración ecuménica reciente realizada entre los bautistas del Sur y los católicos ofrece una comparación de los enfoques de la Biblia. Por un lado, la declaración reconoce el respeto uniforme de la Biblia compartido por ambos credos. Ambos usan la Biblia para la instrucción espiritual. Ambos también confiesan una fe uniforme en ciertas doctrinas básicas. Sin embargo, el reporte señala las continuas diferencias:

Los bautistas del Sur y los católicos creemos en el Dios Uno y Trino, el Padre, el Hijo y el Espíritu Santo, y confesamos la deidad plena y la humanidad perfecta de Jesucristo. . . . Con base en estas convicciones esenciales, tratamos aspectos importantes donde los católicos y los bautistas del Sur han diferido históricamente, incluyendo la inspiración y la autoridad de la Biblia, su inerrancia e infalibilidad, el papel de la Iglesia en la interpretación de las Escrituras y la naturaleza y el significado de los enfoques histórico-críticos al estudio de la Biblia. ("Report on Sacred Scripture," Origins 29, 17 [7 de octubre 1999] 266–67)

El reporte continúa hasta describir en pocos detalles estas diferencias precisamente en aquellas áreas que presentamos en este libro, por ejemplo, la Revelación y la Palabra de Dios, la inerrancia e infalibilidad de la Biblia, la historicidad en la Biblia, el estudio científico de la Biblia y la terminología del fundamentalismo.

Logros en la enseñanza católica de la Biblia

Mi comentario introductorio final ofrece algunos logros en la enseñanza católica de la Biblia. Éstos muestran la larga tradición que se ha desarrollado a través de los siglos bajo la guía del Espíritu Santo. La enseñanza católica de la Biblia no ha estado estática. Ha evolucionado con el tiempo, especialmente en los últimos doscientos años, en una síntesis sofisticada. Llamo la atención sólo hacia unos cuantos de los documentos más importantes y su significado:

- El Concilio de Trento, cuarta sesión, 1546: Esta sesión eliminó toda incertidumbre del canon de las Sagradas Escrituras que usarían los católicos. La lista de los libros oficiales es la que actualmente comprende el canon católico. Este concilio también afirmó la prioridad de la edición Vulgata de la Biblia (la traducción al latín que San Jerónimo empezó) para el uso oficial católico.
- El Concilio Vaticano I, Constitución *Dei Filius*, 1870: Este concilio afirmó la inspiración de la Biblia y el hecho de

que Dios es, en última instancia, el autor de las Sagradas
Escrituras.

- *Providentissimus Deus*, carta encíclica del papa León
  XIII, 1893: Esta encíclica, llena de matices, presentaba
  un plan a los eruditos católicos para estudiar la Biblia
  empleando algunos de los métodos modernos de estudios
  bíblicos que estaban surgiendo en el siglo XIX. Sin embargo, también advertía de los peligros de un estudio científico y la posibilidad de que algunas interpretaciones
  falsas fueran a engañar. También cultivó un entendimiento
  sencillo de "inerrancia", sin distinguir entre asuntos verí-
  dicos e históricos y los religiosos o morales.
- Las catorce decisiones de la Pontificia Comisión Bíblica,
  1905–1915: De cierta manera, estas decisiones represen-
  tan un retroceso, pero no por completo. Estaban dirigidas
  a los excesos de interpretación que habían acompañado
  a una cierta exploración "modernista" de las Escrituras.
  El tono más conservador de estas enseñanzas condujo al
  silenciamiento de algunos eruditos bíblicos católicos importantes, tales como el celebrado dominico Marie-Joseph
  Lagrange, O.P., quien fundó la famosa *École Biblique* en
  Jerusalén.
- *Spiritus Paraclitus*, Carta encíclica más bien conservadora
  del papa Benedicto XV, 1920: Publicada en el 1500 aniversario de la muerte de San Jerónimo, el gran erudito
  bíblico de los siglos IV–V d.C., que alababa a los eruditos
  bíblicos que seguían las directrices establecidas por el papa
  León XIII y que usaban los métodos críticos modernos
  de estudio. También advertía contra quienes subestimaban
  el valor histórico de ciertas partes de la Escritura.
- *Divino Afflante Spiritu*, Carta Encíclica del papa Pío XII,
  1943: Éste es el documento oficial más importante que
  inauguró la exégesis crítica moderna católica de la Biblia.
  Afirma que la Biblia no contiene errores en cuanto a fe y
  moral y también respeta la dimensión humana de la
  Palabra de Dios. Se exhorta a los eruditos católicos a
  concentrarse en el sentido literal de la Escritura mientras
  se mantienen sensibles a los muchos otros sentidos más
  profundos que exponen su significado espiritual.

- Instrucción de la Pontificia Comisión Bíblica, "Sobre la verdad histórica de los evangelios", 1964: Este documento es importante porque reconoce las distintas etapas de tradiciones que se encuentran en los evangelios canónicos. Explica el proceso triple mediante el cual los evangelios tomaron su forma: tradiciones orales, escritas y editadas (redactadas). Cada una de éstas corresponde a períodos de tiempo específicos: el tiempo de Jesús y los apóstoles, el tiempo de la predicación y colección de tradiciones que discípulos posteriores llevaron a cabo y la época de los evangelistas quienes finalmente coleccionaron y editaron las tradiciones para sus comunidades individuales. Este proceso ayuda a explicar por qué el significado literal de los evangelios no siempre representa la "verdad histórica" como podríamos ingenuamente concebirla. Se requiere un discernimiento cuidadoso de los niveles de la tradición y de su intención teológica para responder a preguntas históricas.
- Concilio Vaticano II, *Dei Verbum*, Constitución Dogmática sobre la Divina Revelación, 1965: Éste es el documento más fundamental porque es una constitución dogmática de la Iglesia formulada por un concilio ecuménico. Su extensa enseñanza afirma la doctrina católica básica sobre la Biblia, por ejemplo, la inspiración, la falta de error en asuntos de fe y moral, la dimensión humana de las Escrituras que, no obstante, comunica el mensaje divino como Dios quería y el hecho de que la Escritura es "el alma de la Teología". También presenta la relación compleja entre la Escritura y la Tradición como las fuentes de la divina Revelación la cual vivifica a la Iglesia y alienta a los eruditos bíblicos católicos por su labor importante.
- La Instrucción de la Pontificia Comisión Bíblica, "La Interpretación de la Biblia en la Iglesia", 1993. Este es el tratado oficial más extenso de los muchos diferentes métodos modernos de estudio bíblico científico que florecen en nuestros días, tanto métodos histórico-críticos, como nuevos acercamientos. Revisa cada uno de estos, afirmando lo que es positivo y advirtiendo contra lo negativo de cada método. Sólo se critica el fundamentalismo severamente

como incompatible con un enfoque católico de la Escritura.

- *El catecismo de la Iglesia católica*, nos. 101-141, 1997, (2ª. Edición): Por supuesto, este recurso es el resumen más sucinto y conveniente de la enseñanza de la Iglesia sobre la Biblia. Frecuentemente cita documentos anteriores al Concilio Vaticano II, encíclicas papales y declaraciones de la Pontificia Comisión Bíblica, al igual que otros recursos más antiguos (por ejemplo, los Padres de la Iglesia).

Aunque esta lista de logros no demuestra totalmente la extensión y matices de la enseñanza de la Iglesia sobre la Biblia, uno puede ver que éste es el desarrollo de una tradición. La iglesia no ha tomado una opinión monolítica de cómo uno debe acudir a la Sagrada Escritura para discernir la voluntad de Dios. La posición católica ha progresado desde lo que era esencialmente, una visión precrítica y no-histórica de la Biblia congruente con el fundamentalismo, a una visión fuertemente matizada y con una conciencia histórica que se opone a un enfoque fundamentalista.

Principios de la interpretación católica de la Biblia

Utilizando varias enseñanzas del magisterio de la Iglesia católica, especialmente como se presentan en el *Catecismo de la Iglesia católica* (2ª. ed. [Ciudad del Vaticano: Librería Editrice Vaticana, 1997]), resumiré las características principales de un enfoque católico de la Escritura:

(1) Algo muy básico para un enfoque católico de la Escritura es la aceptación de dos fuentes interrelacionadas para conocer la voluntad de Dios, la Escritura y la Tradición. Entonces, desde el principio, los católicos adoptan una actitud básica que se opone a la idea fundamentalista de *sola scriptura*. Para citar la Constitución Dogmática sobre la Divina Revelación del Concilio Vaticano II:

> "La Iglesia siempre ha venerado la Sagrada Escritura como lo ha hecho con el Cuerpo de Cristo . . . nunca ha cesado de tomar y repartir a sus fieles el pan de vida que ofrece la mesa de la Palabra de Dios y del Cuerpo de Cristo. La Iglesia ha

considerado siempre, como suprema norma de su fe la Escritura unida a la Tradición." (*Dei Verbum* no. 21, citado de Documentos del Vaticano II, [Biblioteca de Autores Cristianos, 1973] 129)

Esta cita muestra la conexión esencial entre la Biblia como la Palabra sagrada de Dios y la Tradición del magisterio de la Iglesia. Desde una perspectiva católica, con toda la importancia que la Biblia tiene, la misma no puede servir solamente como la única fuente de Revelación. Sin embargo debemos notar que la palabra "Tradición" (nótese la "T" mayúscula) no se refiere a las tradiciones que recordamos de cuando éramos pequeños. Más bien se refiere a la enseñanza magisterial de la Iglesia, a través de los siglos, de cómo ha interpretado las Escrituras, cómo ha cooperado con ellas y ha formulado doctrinas que exponen la Revelación de Dios como los humanos pueden conocerla. También debemos mencionar que la posición del Concilio Vaticano II no define con precisión la interrelación compleja entre la Escritura y la Tradición. Éstas no son contrarias ni tampoco son dos fuentes completamente distintas. Más bien, están entretejidas entre sí, aunque lo suficientemente distintas para mantener sus propias identidades. Constituyen un "sagrado depósito" de Revelación aunque con identidades individuales. La posición católica reconoce implícitamente que no todas las enseñanzas de la Iglesia pueden encontrarse en la Sagrada Escritura. El Espíritu Santo continúa guiando a la Iglesia a entender la Revelación de Dios conforme ésta evoluciona y se revela a través de los siglos. Las Escrituras siempre desempeñarán un papel decisivo en este proceso, pero no son la única autoridad para nuestra fe. El oficio magisterial viviente de la Iglesia es el encargado de hacer la determinación final del significado de la Escritura, bajo la orientación del Espíritu Santo, donde sea necesario.

(2) La Iglesia católica también reconoce un tipo de "inerrancia" en la Biblia, pero sólo en lo concerniente a la fe y la moral, no en cuanto a la ciencia o la historia. Aún así, el catolicismo se rechaza a usar la palabra "inerrancia" debido a la fuerte connotación de interpretación literal que contiene. Una cita de la Constitución dogmática sobre la divina revelación ilustra la postura católica:

> Como todo lo que afirman los hagiógrafos, o autores inspirados, lo afirma el Espíritu Santo, se sigue que los Libros sagrados enseñan sólidamente, fielmente y sin error la verdad que Dios hizo consignar en dichos libros para salvación nuestra. (*Dei Verbum*, no. 11)

Esta declaración sobre la falta de error, la cual afirma que se entiende que la Sagrada Escritura es inspirada por Dios, se une al encargo de interpretar las Escrituras cuidadosamente, por medio de la exploración de sus expresiones:

> Dios habla en la Escritura por medio de hombres y en lenguaje humano, por lo tanto, el intérprete de la Escritura, para conocer lo que Dios quiso comunicarnos, debe estudiar con atención lo que los autores querían decir y Dios quería dar a conocer con dichas palabras. (*Dei Verbum*, no. 12)

En esta postura el reconocimiento de que los intérpretes deben respetar las varias formas literarias que se encuentran en la Biblia es algo implícito. Los autores bíblicos emplearon muchas formas diferentes (narraciones, poemas, himnos, leyes, parábolas, relatos de milagros, proverbios, dichos, visiones apocalípticas, etc.) las cuales requieren un discernimiento cuidadoso para alcanzar un entendimiento adecuado de su significado. El medio afecta el mensaje. Otro aspecto importante de la postura del Vaticano II es que una interpretación católica de un pasaje de la Escritura no se altera por inconsistencias o inexactitudes que algunos de los escritos antiguos contienen. Los errores humanos de naturaleza científica o histórica no son inesperados en la literatura antigua, y la Biblia no es una excepción. Veamos algunos ejemplos.

La posición católica sobre los relatos de la creación en el Génesis es la de no tomarlos literalmente en cada detalle. De hecho, el Papa Juan Pablo II, ha indicado claramente que la teoría científica de la evolución no es necesariamente incompatible con los relatos del Génesis sobre la creación. Reconocemos que los relatos del Génesis 1–11 están rodeados de un lenguaje mitológico que estaba bastante de acuerdo con muchas culturas antiguas del Cercano Oriente de los siglos X a

IX a.C., cuando los relatos probablemente se originaron. Ésta no es una afirmación de que la teoría científica de la evolución es absolutamente correcta. Sigue siendo una teoría, pero no contradice los relatos bíblicos. Más bien, éstos se reconocen como un escenario no científico de la creación cuyo propósito principal es afirmar que Dios, en última instancia, es quien ordenó la creación y que ésta es buena. De este modo, Adán y Eva no necesitan entenderse literalmente como individuos históricos, sino como figuras representativas de los primeros seres humanos. La enseñanza católica solamente insiste en que, en algún momento, Dios puso dentro de la humanidad un alma que distingue a la gente de todos los demás seres, algo que no necesariamente contradice una teoría de la evolución.

Otro ejemplo viene del Nuevo Testamento. Los católicos enseñan que los evangelios consisten de tres etapas de tradición sobre Jesús, que se desarrollaron con el tiempo. Éstas son (a) la vida y la enseñanzas actuales de Jesús, (b) las tradiciones orales enraizadas en la predicación de los primeros discípulos y (c) las tradiciones escritas que se recogieron y editaron en los evangelios, tal como los conocemos. (Ver el *Catecismo de la Iglesia católica*, no. 126). El reconocimiento de este proceso hace que podamos tratar los pasajes que posiblemente son contradictorios, versiones múltiples del mismo relato básico, con añadiduras a los detalles conforme los relatos se contaban una y otra vez a través de varias décadas y así por el estilo. No hay necesidad de reconciliar cada contradicción aparente, o juntar en un solo relato los detalles del nacimiento, la vida, el ministerio, la muerte y la resurrección de Jesús. Los católicos reconocen los evangelios como una colección de tradiciones orales, escritas y editadas que se desarrollaron en contextos diversos en las primeras décadas de la comunidad cristiana. De este modo, pueden contener diversas perspectivas que no siempre se pueden reconciliar entre sí. Como existen hoy no son relatos oculares del ministerio de Jesús, sino presentaciones teológicas de los relatos sobre Jesús de Nazaret.

(3) Un enfoque católico de la Biblia acepta la necesidad de leer el texto literalmente, pero no se queda ahí. Leer la Biblia literalmente, o sea, el significado de las palabras en su sentido obvio, es una cosa. Leer literalmente, cuando uno interpreta

cada palabra de una manera limitada, es otra. Mientras que los fundamentalistas leen muchos pasajes literalmente, los católicos reconocen un sentido más profundo en la Escritura que puede ir más allá del significado literal de las palabras. Hoy día esto se conoce como el *sensus plenior* (latín, "un sentido más profundo"). Tradicionalmente, la Iglesia católica también ha permanecido abierta a lo que se conoce como "sentido espiritual" de la Sagrada Escritura, el cual, algunas veces puede identificarse con este sentido más profundo. *El Catecismo de la Iglesia católica* una vez más resume la tradición católica. Éste llama la atención al modo tradicional de dividir la interpretación más profunda, más espiritual de la Escritura en tres subdivisiones: el sentido alegórico, el moral y el anagógico (no. 117).

El sentido alegórico reconoce que algunas veces la Escritura presenta "tipologías" o alegorías extensas en las que se presentan una correspondencia entre una imagen que se usa y su significado más profundo. Así, una imagen del Antiguo Testamento como el éxodo de Egipto puede representar el bautismo cristiano (por ejemplo, 1 Cor 10:2), o imágenes que aparentan ser comunes, como el agua y la sangre, pueden comunicar el sentido sacramental del Bautismo y la Eucaristía (Jn 19:34). El sentido moral se refiere a la capacidad general de muchas Escrituras de dar una instrucción ética (por ejemplo, El discurso en el monte, Mt 5–7). Finalmente, el sentido anagógico (del griego *anagō*, "conducir"), se refiere a la comprensión más profunda de que todas las Sagradas Escrituras están destinadas a conducirnos al Reino de Dios y, por consiguiente, tienen un valor instructivo conforme nos acercamos a la "Jerusalén celestial" (Ap 21:1–22:5).

Cada uno de estos sentidos más profundos emana de y se basa en el sentido literal. Éstos no pueden contradecir el sentido literal de los escritos, pero tampoco su significado se limita a éste. A veces los sentidos también comparten ciertos puntos. Históricamente, los primeros Padres de la Iglesia ejercieron estos métodos interpretativos con bastante libertad. Luego, y especialmente durante la Edad Media, algunos de estos enfoques condujeron a interpretaciones grotescas y exageradas. La Iglesia advierte que siempre es un peligro cuando se permiten interpretaciones más profundas que van más allá del significado evidente (ver *La interpretación en la vida de la Iglesia*, III). Por otra parte, permitir una diversidad de significados preserva el valor eterno de la Palabra de Dios y su aplicabilidad para muchas generaciones diferentes.

Para ser concienzudo, debo enfatizar que un enfoque católico no supone que todas las interpretaciones tienen el mismo valor. Cualquier intérprete puede, a propósito o accidentalmente, leer algo que no está en un texto. Esto se llama "eiségesis". Contrasta con "exégesis", que es la tarea de interpretar *partiendo de* la Escritura. Mientras que el sentido más profundo nunca puede extraerse totalmente de lo que pudiera ser, los intérpretes no son libres de imaginar cualquier significado que deseen más allá del sentido literal. No sólo hay límites de lo que las palabras puedan significar, sino que la Iglesia tiene la responsabilidad máxima para delimitar las interpretaciones fantásticas que no son constantes con su enseñanza.

(4) Los católicos también reconocen el carácter canónico de la Biblia. De hecho, el canon católico se define como cuarenta y seis libros en el Antiguo Testamento y veintisiete en el Nuevo. (Por una razón histórica, el canon protestante tiene un grupo más pequeño de treinta y nueve libros en el Antiguo Testamento. Ver Witherup, *The Bible Companion*, 12–15). Sin embargo, a diferencia de los fundamentalistas, los católicos enfatizan que el origen del canon yace en una decisión formal de la Iglesia de los comienzos de declarar ciertos libros como literatura canónica e inspirada y excluir otros de la lista. En cierto sentido, el proceso iba en dos direcciones. En una dirección, la Escritura ayudó a formar la comunidad de la Iglesia, pero desde otra, la Iglesia, con la orientación del Espíritu Santo, finalmente tomó la decisión sobre qué libros incluir en la colección oficial canónica. Alguien tuvo que organizar y proclamar los límites del canon; éste no apareció independientemente de la comunidad cristiana mediante un divino *fiat*. Algunos de los escritos del Nuevo Testamento (por ejemplo, las cartas de Pablo) circularon en forma de colección entre las primeras comunidades cristianas antes de que la Iglesia las declarara formalmente literatura canónica. En el caso de los

escritos del Antiguo Testamento, los cuales eran para la Iglesia del comienzo los escritos sagrados principales, el canon probablemente existía ya alrededor del año 90 d.c. Para el Nuevo Testamento, el proceso de determinación del canon ciertamente concluyó para la época de San Atanasio (ca. 367 d.C.), pero había comenzado a ser formulado tan temprano como en el año 90 d.c. Pero lo que es todavía más importante, debemos notar que las Escrituras no se desarrollaron de manera independiente de la comunidad cristiana sino junto con ella.

(5) La Iglesia católica acepta rotundamente la doctrina de la inspiración en relación a las Escrituras, pero no se adhiere a ninguna teoría de la inspiración. Ha habido muchos intentos a lo largo de la historia de la Teología de formular una teoría que explique cómo funciona la inspiración. Un enfoque católico ya no acepta una teoría simplista de dictado, pero al mismo tiempo afirma el papel del Espíritu Santo al inspirar al autor humano a escribir la Palabra de Dios a fin de comunicar fielmente la voluntad de Dios. En lugar de cualquier teoría específica de la inspiración, la Iglesia católica ofrece tres principios guía de hermenéutica para la interpretación de la Escritura de acuerdo con el Espíritu Santo, quien la inspiró. Estos se resumen sucintamente en el Catecismo:

a. Prestar una gran atención "al contenido y a la unidad de toda la Escritura".

b. Leer la Escritura en "la Tradición viva de toda la Iglesia".

c. Estar atento "a la analogía de la fe". (O sea, la coherencia de todas las verdades de fe dentro del plan de la Divina Revelación) (Catecismo de la Iglesia católica, nos. 112–114)

El efecto de estos tres principios es la ampliación del contexto de la interpretación. Éste incluye los contextos del canon como una totalidad y la enseñanza de la Iglesia a través de los siglos. De hecho, la palabra contexto es de una importancia vital. Desde una perspectiva católica, las Escrituras no deben leerse fuera del contexto más amplio de la Tradición de la Iglesia y de todo el canon bíblico. El difunto eminente erudito bíblico católico, el padre sulpiciano Raymond E. Brown, acostumbraba decirle al público de sus conferencias, "Un pasaje sólo es bíblico cuando está en la Biblia". En otras palabras, interpretar los pasajes uno por uno y sacándolos de su contexto en la Biblia puede (y a menudo así sucede) conducir a una mala interpretación. Tomando en serio la necesidad de mantener en perspectiva la totalidad del canon bíblico, mientras simultáneamente uno trata de entender un solo pasaje, requiere disciplina y una abertura a la historia. Tomemos un ejemplo de la literatura profética.

Revisaremos brevemente tres pasajes del Antiguo Testamento, de los libros de Isaías, Miqueas y Joel. Dos de ellos son idénticos y aparentemente hablan de una imagen pacifista, pero el tercero aparentemente revierte la imagen y así cambia la interpretación:

> Hará de árbitro entre las naciones y a los pueblos dará lecciones. Harán arados de sus espadas y sacarán hoces de sus lanzas. Una nación no levantará la espada contra otra y no se adiestrarán para la guerra. (Is 2:4)

> El Señor gobernará las naciones y enderezará a la humanidad. Harán arados de sus espadas y sacarán hoces de sus lanzas. Una nación no levantará la espada contra otra y no se adiestrarán para la guerra. (Mi 4:3)

> Conviertan sus azadones en espadas y sus hoces en lanzas, que el débil diga: "¡Soy un valiente!" (Joel 4:10)

Tomadas fuera de contexto, las palabras resaltadas de Joel están en contraste directo con las de Isaías y Miqueas. Los primeros dos pasajes datan del siglo VIII a.C., la época de dos grandes profetas, Isaías y Miqueas. Los pasajes son tan similares en cuanto a las palabras, que la mayoría de los eruditos cree que uno depende del otro, aunque es imposible decir definitivamente quién le copió a quién. En el contexto histórico de esa época, cada profeta está tratando el asunto de la amenaza que su poderoso vecino del norte, Asiria, representaba para el incipiente país de Israel. Cada uno de estos profetas recibió la Palabra de Dios a su modo y la pasó a sus contemporáneos para rogarles que tuvieran una fe firme y confianza en Dios. Los profetas básicamente predicaban la confianza sólo en Dios y no en ninguna maniobra política convencional. Un día Dios pondría fin a las guerras y reuniría a todas las naciones en paz y armonía. Ya no necesitarían confiar en las estrategias de las guerras para tener paz y seguridad.

Más adelante, (algún tiempo después del exilio, quizá en el siglo VI a.C.) el profeta Joel hablaba de una situación completamente distinta. Sus palabras son parte de una visión del ajuste de cuentas que vendrá sobre todas las naciones el día del juicio escatológico cuando Dios ha prometido enderezar todas las cosas. Por medio del profeta, Dios los llama a las armas, pero para realizar un juicio "ese día", esto es, el día del juicio justo de Dios. La visión de paz de Isaías y Miqueas, ofrecida dos siglos antes, se invierte y se convierte en un llamado a la guerra, aunque una guerra en la que Dios será el vencedor y juez final. El propósito de estos pasajes no es dar consejo opuesto en cualquier circunstancia. Más bien, cada uno se relacionaba específicamente a ciertas situaciones a las que Dios se refería mediante profecías específicas en diferentes contextos. Sin el contexto histórico y literario, no hay manera de entender exactamente cómo estos mensajes bíblicos revelan las intenciones de Dios. De hecho, los profetas ofrecen consejos diferentes. Por eso es que la Palabra de Dios vino a ellos en circunstancias diferentes. Por lo tanto, los mensajes diferentes no comprometen por esto la verdad de las Escrituras, sino que las ponen apropiadamente en sus contextos correctos para ser exploradas por las futuras generaciones.

Por supuesto, el verdadero reto hermenéutico es la aplicación de los pasajes bíblicos a las situaciones contemporáneas de maneras que sean fieles al texto. Las palabras de Isaías y Miqueas probablemente son de más agrado para nuestras sensibilidades cristianas de hoy, pero las palabras de Joel están en el canon bíblico como testigos de otra perspectiva en otras circunstancias.

En resumen, mientras que los católicos y los fundamentalistas tienen algunos elementos en común, siguen caminos diferentes en cuanto a la mayoría de los métodos de interpretación y asuntos de la Biblia. Permítaseme resumir este contraste mediante una tabla conveniente:

Perspectiva fundamentalista de la Biblia	Perspectiva católica de la Biblia
La Biblia es la Palabra de Dios	La Biblia es la Palabra de Dios en palabras humanas
Sólo la Escritura	La Escritura y la Tradición
Énfasis en la lectura literal de la Biblia	Énfasis en la lectura literal en el sentido más profundo (y espiritual)
Tendencia a ver la inspiración de manera limitada	Tendencia a tomar una visión general de la inspiración
Inerrancia de la Biblia en todos los aspectos	La Biblia no tiene errores sólo en asuntos de fe y moral
Falta de perspectiva histórica en la interpretación	La perspectiva histórica es esencial para la interpretación
Interpretaciones frecuentes fuera de contexto	Necesidad de interpretar en el contexto, especialmente el contexto del canon sagrado
Aplicación inmediata y directa de la mayor parte de los pasajes bíblicos	Generalmente una aplicación indirecta de los pasajes bíblicos
Negación del papel de la Iglesia en la formación del canon de la Escritura	Reconocimiento del papel de la Iglesia en la formación del canon de la Escritura
Tendencia a ignorar la historia de la interpretación	La historia de la interpretación es esencial
Escatología profética limitada y precisa, a menudo ligada a un tiempo específico	Escatología amplia e imprecisa que no está ligada a ningún tiempo específico
Rechazo de los métodos de interpretación científicos histórico-críticos	Aceptación de los métodos de interpretación científicos histórico-críticos (entre otros)

Muchas de estas diferencias surgen en algunas interpretaciones específicas, pero hasta algunos de los principios generales son divergentes. Más importante es la aceptación católica de los estudios modernos críticos de la Biblia y el respeto por el contexto literario e histórico de todos y cada uno de los pasajes de la Biblia. La Iglesia rara vez define el significado de pasajes específicos, sino que da guías generales para leer las Escrituras dentro del contexto más amplio de la fe católica.

4

Una evaluación del fundamentalismo bíblico

Ahora que hemos puntualizado los enfoques alternos del fundamentalismo y del catolicismo de la Biblia, estamos en mejor posición para evaluar los puntos fuertes y los débiles del fundamentalismo. Como advertí en la introducción, debemos tratar de pronunciar un juicio que sea tanto justo como lo más objetivo posible. Empezaremos primero analizando por qué el fundamentalismo es, de hecho, atractivo para mucha gente hoy.

¿Por qué es atractivo el fundamentalismo bíblico?

No contamos con números exactos disponibles para confirmar la influencia del fundamentalismo bíblico. Los sociólogos nos indican que está más bien declinando. Es interesante que, en octubre del 2000, el entonces presidente Jimmy Carter dijo públicamente que ya no pertenecería a la Convención Bautista del Sur debido a sus doctrinas extremadamente rígidas. En particular, él señaló la incapacidad de llevar a cabo un diálogo respetuoso con aquellos en desacuerdo, las restricciones fundamentalistas con respecto al papel de la mujer en la iglesia y en la sociedad y una interpretación demasiado literal de la Escritura. Esta acción es simbólica de la lucha que se ha estado llevando a cabo en la Convención Bautista del Sur durante algunos años entre el grupo más

fundamentalista y el más moderado. Sin embargo, las comunidades fundamentalistas parecen estar floreciendo en varias
partes del mundo, notablemente en África y Sudamérica, y las
discusiones políticas que se ven en los titulares en los Estados
Unidos indican que los fundamentalistas todavía tienen bastante influencia en los círculos conservadores. El hecho es que
el fundamentalismo tiene algún atractivo. Mucha gente, incluyendo a católicos, se han interesado en un enfoque fundamentalista de la Escritura por varias razones, las cuáles incluyen
las órdenes psicológico, social, y religioso.

(1) Un atractivo del fundamentalismo bíblico es la Biblia.
La devoción que los fundamentalistas sienten por la Biblia es
admirable. Es parecida a la atracción que algunos paganos en
el mundo antiguo sentían cuando observaban a los judíos
quienes eran devotos de sus escritos sagrados. Ellos llegaron
a ser conocidos como "el pueblo del libro". El hecho de que
los fundamentalistas lean la Biblia diariamente, memoricen
muchos pasajes, los estudien con alguna profundidad y com-
partan ideas de la misma unos con otros, puede ser fascinante
para quienes sienten que sus propias comunidades de fe no
nutren este aspecto de la fe. He conocido a muchos católicos
quienes por falta de esto han asistido a grupos de estudio bíblico fundamentalistas porque era la única alternativa.

Aunque muchos católicos están sedientos por conocer la
Biblia, no siempre encuentran fácilmente estudios bíblicos
organizados. (Desde otra perspectiva, los pastores algunas
veces se frustran cuando ofrecen sesiones de Biblia para adultos y ¡encuentran que muy pocos católicos asisten!) Muchas
parroquias católicas, en particular, ofrecen pocas oportunida-
des para el estudio formal de la Biblia. A diferencia de la mayor
parte de las iglesias protestantes, la Iglesia católica no ha
tenido éxito en desarrollar en sus miembros el hábito de leer
y orar diariamente con la Biblia. Ciertamente se exhorta a los
católicos a leer y orar con la Biblia, especialmente al preparar
por adelantado las lecturas del leccionario para la Misa. Pero
el hecho es que el uso de la Biblia aún no es un régimen diario
para muchos católicos.

(2) Otro atractivo es que el enfoque fundamentalista de la
fe ofrece un aspecto personal de ésta que a menudo falta en

el catolicismo. La gente se puede identificar con la idea de que Jesús es su Señor y Salvador personal. Pensar que el amor de Dios por un individuo es tan fuerte que Dios enviaría a su propio Hijo para ser Salvador es muy consolador en un mundo donde las personas pueden sentirse perdidas y abandonadas. La idea de que Jesucristo murió por mí es bastante profunda. Ésta conforta y fortalece. Pero la fe católica, en particular, ha enfatizado la dimensión comunitaria de la salvación a tal grado que el aspecto personal se puede perder. La exigencia de tomar una decisión personal por Jesús puede ser un reto atractivo para alguien que está buscando profundizar su fe.

Además, desde una perspectiva sociológica, el énfasis fundamentalista en la fe individual es muy compatible con la predilección que las personas americanas sienten por el individualismo. No solamente enfatiza la responsabilidad personal, sino que también le da un mayor sentido de control y libertad a una persona. Una decisión personal de seguir a Jesús, de aceptar el mensaje del Evangelio y de vivir una vida moral por excelencia proporciona un sentido de propósito y plenitud.

Esta dimensión personal puede ser atemorizante para algunos católicos. Algunas veces los católicos me han preguntado cómo responder a la pregunta fundamentalista: "¿Crees tú que Jesucristo es tu Señor y Salvador personal?" Mi respuesta es simple. Por supuesto que nosotros los católicos podemos contestar esa pregunta de manera afirmativa. Jesucristo es también nuestro Señor y Salvador personal. Pero esta fórmula declaratoria no es un fin en sí misma. Podemos ir más allá para añadir que la salvación es para una comunidad y no sólo para individuos. Jesús reunió a un grupo de discípulos a su alrededor y les enseñó a orar juntos. Él no simplemente los llamó individualmente. Ellos estaban destinados a formar el núcleo de una nueva comunidad, una comunidad de discípulos. Creemos que la Iglesia es una parte esencial de esa fe a la cual Jesús nos llama, pero no por esto rechazamos el reto personal que viene junto con esa fe. Tratamos de ponerlo en su contexto comunitario apropiado.

Otro aspecto de esta dimensión personal de la fe católica que fácilmente puede ser pasado por alto es nuestra celebración del sacramento de la confirmación. En las décadas posteriores al Concilio Vaticano II, el sacramento de la confirmación ha sido el tema de mucha discusión. Más recientemente ha enfatizado la necesidad de un compromiso personal con la fe en algún momento de la vida de una persona. El bautismo de un bebé no hace de uno un buen miembro de la Iglesia si ese compromiso inicial no se fortalece, se nutre y se moldea por un compromiso adulto y personal. De jóvenes, cuando nosotros sellamos nuestra fe en el Espíritu Santo, se nos pide que nos hagamos responsables de ella. Jesús nos llama y se nos pide que respondamos. La fe católica tiene una dimensión personal fuerte, pero algunas veces se pierde entre tantos otros factores.

(3) Un tercer atractivo al fundamentalismo es el énfasis en la experiencia de Dios directa y sin mediación por medio de la fe. Esto también es muy agradable para una sociedad en la cuál se enfatizan el individualismo y la libertad. En cierto sentido el fundamentalismo promueve una religión altamente privatizada. Pensar que no necesitamos ninguna autoridad externa para recibir la voluntad de Dios le da mucho poder al individuo. El fundamentalismo promueve un tipo de religión de "Dios y yo" o "Jesús y yo". Si sólo abro la Biblia, Dios me hablará directamente en términos claros e inequívocos. Este enfoque individualista también alimenta nuestros prejuicios modernos relacionados con las instituciones. ¿Quién necesita una iglesia o sacerdotes o expertos externos si la Palabra de Dios está disponible gratis para cualquiera? El estudio bíblico en grupo puede también alimentar esta perspectiva. El enfoque fundamentalista enfatiza que las Escrituras están destinadas para mí. Lo que un pasaje signifique para mí en este preciso momento de mi vida, es lo más importante para discernir la voluntad de Dios. La promesa de lo que es esencialmente una línea directa para saber lo que Dios quiere para mi vida es atractiva.

(4) Para mucha gente un atractivo mayor del fundamentalismo es, primordialmente, de orden psicológico. Ofrece seguridad y certeza en un mundo en creciente inseguridad e incertidumbre. Desde una perspectiva interna, el fundamentalismo es un paquete muy bien envuelto que contiene pre-

guntas y respuestas. Puede ofrecer confort psicológico a las personas incapaces de o que no desean tratar con las incertidumbres de la vida, con sus ambigüedades y con las múltiples elecciones que se deben hacer día tras día. Cuando uno acepta el enfoque fundamentalista, uno recibe una visión completa del mundo que dice: "No te preocupes, Dios está a cargo. Puede parecer que las cosas están degenerando, especialmente en lo moral, pero Dios pondrá todo en orden". Nadie puede negar el ritmo rápido de la vida moderna y el efecto que ha tenido en nuestra sociedad muy orientada al consumo. La vida es agitada y confusa, y el cambio está ocurriendo en una proporción que crece rápidamente. El número de preguntas éticas que han surgido sólo en el campo de la medicina es asombroso. Asuntos de ingeniería genética, clonación, el manejo tanto de la concepción como de la terminación de la vida, el cuidado de la salud y así sucesivamente, se están desarrollando a tal proporción que parece imposible mantener el ritmo. ¿Dónde encuentra uno un sentido de calma y dirección interior en un mundo que evoluciona tan dramáticamente día tras día? ¿Dónde encuentra uno una brújula estable que pueda guiarnos a través de los mares tormentosos de las alternativas confusas y del ritmo acelerado de la vida moderna?

Cuando se añaden todas las otras áreas en las cuales surgen cuestiones éticas (la vida familiar, el matrimonio y el divorcio, las practicas de negocios, el uso de Internet, la energía nuclear, el aumento de las armas, la pena de muerte, la propagación de las enfermedades contagiosas, etc.), el efecto puede ser abrumador. Un sistema mediante el cual ciertos principios básicos gobiernan todas las decisiones, tales como cuestiones sobre la vida y la muerte, ofrece una alternativa atractiva al aumento desorganizado de opciones en la vida moderna. El fundamentalismo también es atractivo debido a que evita la complejidad y ambigüedad de muchas cuestiones modernas. Una vida que se vive sólo con dos opciones—o esto o aquello— es más cómoda que una que requiere que nos enteremos de todas las complejidades de cierto asunto para poder tomar una decisión informada. Las áreas grises son zonas de incertidumbre que se deben evitar. El fundamentalismo ayuda a la gente a evitar la ambigüedad. El mismo pone límites y objetivos claros, y de este modo ayuda a las personas a lidiar con la vida moderna.

(5) También existe una razón sociológica para la atracción del fundamentalismo. Los sociólogos señalan el fenómeno de grupos fuertes y grupos débiles en la sociedad. Una razón muy probable para el fuerte atractivo del fundamentalismo en un mundo complejo y cambiante es que exhibe características de un grupo "fuerte". Un erudito ha resumido estas características bajo seis encabezamientos: (a) compromiso fuerte; (b) disciplina (c) celo misionero; (d) absolutismo; (e) ajuste a una ideología determinada; y (f) fanatismo. (Ver Dean M.Kelley, *Why Conservative Churches Are Growing* [Nueva York: Harper & Row, 1972].) Estos indicadores de un grupo fuerte están en oposición directa a grupos "débiles", los cuales muestran relativismo, diversidad, diálogo, indecisión, individualismo y falta de deseo de exponer las ideas propias a otras personas.

En una sociedad que enfatiza las características de los grupos débiles, el fundamentalismo posee un atractivo obvio; su posición es esencialmente contracultural, algo que refuerza tanto su identidad como su tendencia separatista de la norma. Vale la pena notar que este fenómeno sociológico de zelotes religiosos que se separan de la cultura dominante aparece a través de toda la historia de la religión judío-cristiana. Aún en la época de Jesús ciertos judíos exhibían tales tendencias (por ejemplo, los esenios quienes se aislaron en el Mar Muerto a fin de preservar lo que entendían de la auténtica fe judía) lo cual puede considerarse, por lo menos parcialmente, como fundamentalistas en su orientación.

(6) Otro atractivo más es el sentido de comunidad que existe entre muchos grupos fundamentalistas. Al compararlos con muchas iglesias protestantes grandes de las principales y con parroquias católicas, los grupos fundamentalistas enfatizan la importancia de apoyarse unos a otros en comunidad. Ellos realmente trabajan para promover un sentido de pertenencia a un grupo de personas que se preocupan unas por otras, imitando la Iglesia de los comienzos según la describe idealmente los Hechos de los Apóstoles (p.e. He 2:43-47). Este atractivo no contradice el énfasis en la dimensión personal de la fe, sino que la complementa.

En varias ocasiones yo he sido testigo del fuerte sentido de apoyo que los fundamentalistas pueden ofrecer. En una ocasión vi como una comunidad fundamentalista acudió para ayudar a una mujer, miembro del grupo, y a su familia cuando se descubrió que ella tenía un cáncer incurable. El apoyo increíble que le ofrecieron material y espiritualmente fue verdaderamente ejemplar. En otra ocasión, en una comunidad rural isleña cercana de la costa de Alaska, el ministro local de la Asamblea de Dios y su pequeña comunidad fueron la fuerza principal en ofrecer hospitalidad a todos los pescadores profesionales que pasaban por ahí. Él y su familia, de los recursos limitados que tenían, les ofrecían comida, albergue, consejo o cualquier cosa que pudieran necesitar. El suyo era el único ministerio social que funcionaba en la isla, a pesar de la presencia de otros cristianos.

El sentido de pertenencia es un valor importante entre los fundamentalistas. En un mundo donde mucha gente se siente sola y no apreciada, la pertenencia a una comunidad que le muestra interés y cuida de cada uno de sus miembros es ciertamente atractiva. Esto no quiere decir que otras comunidades de iglesias no ofrecen hospitalidad ni sentido de pertenencia, sino que éstas son las características de muchas comunidades fundamentalistas.

Estas seis razones explican, al menos en parte, por qué algunas personas encuentran el fundamentalismo tan atractivo. ¿Cómo evalúa un católico tal sistema?

¿Existen aspectos positivos en el fundamentalismo bíblico?

Existen algunos aspectos positivos que no provienen del sistema mismo del fundamentalismo bíblico, sino de sus seguidores. Éstos fluyen directamente de las razones por las que atrae seguidores.

(1) El respeto por la Biblia como Palabra de Dios que los fundamentalistas profesan y su deseo de usarla para la vida cristiana es admirable. El hecho de que otros cristianos, entre ellos los católicos, no se acercan a la Biblia de la misma manera que ellos no niegan sus buenas intenciones. Ellos tratan de tomar la Biblia en serio y ponerla en práctica. Para ellos no

es meramente un libro de historia, ni tampoco una anticuada palabra del pasado. Ellos buscan encontrar la Palabra de Dios como una Palabra viva e inspiradora que puede orientar sus vidas.

(2) Un segundo aspecto positivo es la dimensión personal de la fe que caracteriza a las comunidades fundamentalistas. Ellas toman muy en serio el reto del evangelio que hace de la fe una decisión personal. Ellas se rigen por este compromiso y trabajan duro día a día para profundizarla, especialmente a través del estudio de la Biblia. La urgencia y el celo evangelistas que acompañan esta decisión personal también pueden ser admirables. Se puede cuestionar si realmente es prudente o no pararse sobre una tribuna en la esquina de una calle y proclamar a voz en cuello un mensaje religioso, mientras que el resto del mundo pasa alegremente, pero tenemos que admirar el testimonio personal de fe que los fundamentalistas profesan.

(3) Los fundamentalistas también están comprometidos positivamente a promover una vida familiar buena y sana. Junto con muchas otras personas en la sociedad, los fundamentalistas creen que la cultura moderna americana está destruyendo la familia tradicional. Divorciarse y volverse a casar es algo muy común. La incapacidad de establecer un compromiso permanente de cualquier clase socava la estabilidad en el matrimonio y en la vida familiar. De hecho, la misma definición de una relación matrimonial está bajo ataque. A veces se hace caso omiso de los hijos debido a que a menudo la vida familiar es muy ajetreada porque el papá y la mamá trabajan tratando de ganarse la vida. Como los mormones y algunos otros grupos, los fundamentalistas bíblicos toman seriamente la necesidad de promover la vida familiar. Programan sus actividades tomando en cuenta a la familia. Una desventaja de este aspecto es el énfasis concomitante que se le da a los papeles estereotípicos de los hombres y las mujeres en la familia. Los fundamentalistas favorecen algunas partes del Nuevo Testamento que limitan los papeles de las mujeres en la sociedad (por ejemplo, Ef 5:22-33). Aplican mecánicamente los papeles de marido y mujer, mirando mal a las mujeres que trabajan fuera del hogar. Es bueno promover los valores del matrimonio y de la familia, pero no canonizar ciertos modelos

sociales de la Biblia tomándolos fuera de su contexto histórico y considerándolos como normativos para todo momento. Ésta es una práctica que los no fundamentalistas preferirían evitar. (4) El énfasis fundamentalista en la responsabilidad moral personal es también admirable. En una época que a menudo promueve la transferencia de la responsabilidad a otros, o genéricamente a la sociedad, los fundamentalistas exhortan a la gente a asumir la responsabilidad personal. Mantener un código moral personal fuerza a una persona a vivir de acuerdo a un estándar externo de conducta que reta a las personas a ir más allá de sus propios intereses.

(5) El énfasis fundamentalista sobre las cosas fundamentales presenta un aspecto positivo. Puede haber una tendencia humana que desea tener declaraciones resumidas, concisas de los valores que promueven la identidad y la individualidad. Sin importar la razón, la tendencia de enfocarse en ciertas cuestiones esenciales en la vida, en las cuales no puede haber concesiones es una buena inclinación. De hecho, la Iglesia, ha llevado a cabo esto a través de los siglos al formular credos en épocas diferentes, juramentos, colecciones de creencias en catecismos, etc. Los católicos también les darían su consentimiento a ciertos fundamentos de la fe, que son indisputables. El reto es conservar ciertos fundamentos sin convertirse en fundamentalista.

(6) El gran sentido de comunidad de los fundamentalistas es también otro aspecto positivo. Su idealización de la comunidad cristiana en el Nuevo Testamento puede ser exagerado, pero están en lo correcto en cuanto a enfatizar la necesidad de tener comunidades de fe sólidas y que provean apoyo. Los fundamentalistas no son los únicos que le dan importancia a esto, pero es una prioridad que ellos toman muy en serio. Esto también da algo de balance a su dimensión de fe extremadamente personalizada.

¿Cuáles son las debilidades del fundamentalismo?

A pesar de que hay algunas dimensiones positivas en la manera como los fundamentalistas viven sus vidas, una perspectiva católica ve serias debilidades en el fundamentalismo bíblico. Esencialmente, éste es incompatible con la fe católica.

De hecho, en un documento importante publicado para conmemorar el centésimo aniversario de la Encíclica de León XIII sobre la Biblia, la Pontificia Comisión Bíblica explicó claramente los peligros del fundamentalismo bíblico. El documento de la Comisión, el cual es, por lo demás, bastante positivo en cuanto al valor de la gran variedad de enfoques contemporáneos de la Biblia, reserva su juicio más negativo para el fundamentalismo:

> El enfoque fundamentalista es peligroso, pues es atractivo para las personas que buscan respuestas en la Biblia hechas para los problemas de la vida. Puede engañar a estas personas, ofreciéndoles interpretaciones que son piadosas pero ilusorias, en vez de decirles que la Biblia no contiene respuestas inmediatas para todos y cada uno de los problemas. Sin decirlo explícitamente, el fundamentalismo de hecho invita a la gente a una clase de suicidio intelectual. Inyecta en la vida una falsa certidumbre pues confunde inadvertidamente la sustancia divina del mensaje bíblico con lo que de hecho son sus limitaciones humanas. (*La interpretación de la Biblia en la Iglesia* [Roma. Pontificia Comisión Bíblica, 1993] Art. 1.F)

La Comisión señala el enfoque exageradamente simplista del fundamentalismo a la vida y a la aplicación de la Biblia a ésta. El Cardenal Joseph Ratzinger, encargado de la Congregación para la Doctrina de la fe en el Vaticano, también comentó sobre esta deficiencia del fundamentalismo en una conferencia sobre estudios bíblicos, a finales del decenio de los ochenta:

> El fundamentalismo es un peligro. Esto está claro. Es absolutamente incompatible con la fe católica, porque ésta supone que yo lea la Biblia en el contexto de la comunidad de fe y la comunidad de todos los siglos de la fe. Así yo leo la Biblia con la Iglesia y con la fe de todos los tiempos. Y la leo razonablemente, de una manera razonable. Así que debemos esforzarnos por evitar el fundamentalismo. (Citado en Richard John Neuhaus *Biblical Interpretation in Crisis* [Grand Rapids Mich.: Eerdmans, 1989] 140)

Este problema doble de leer la Biblia de manera simplista y fuera de contexto, es la mayor debilidad en el fundamentalismo. Hay una tendencia humana natural de desear respuestas simples, pero la vida moderna no siempre se presta a soluciones sencillas para los problemas complejos que han evolucionado a través del tiempo. La relación entre un problema moderno y la aplicación de la Biblia a éste acaba rápidamente. Ésta es la razón de por qué el fundamentalismo es inaceptable. Pero podemos decir más sobre las limitaciones del fundamentalismo. Además de su enfoque extremadamente simplista, señalo ocho debilidades:

(1) La más obvia es la falta de perspectiva histórica del fundamentalismo. Los fundamentalistas tienen una visión muy limitada de la historia humana. De hecho, cuando se trata de los orígenes de la Biblia, son casi carentes de sentido histórico. La Biblia se considera como un documento original que fue revelado en un acto singular divino, que es válido para todo momento. Los pasajes se interpretan rutinariamente fuera de contexto con poco respeto por sus orígenes históricos. Los fundamentalistas tienen dificultades con las contradicciones en la Biblia, reales o aparentes, precisamente por su falta de conciencia histórica. No reconocen ninguna oportunidad para el desarrollo de su perspectiva, especialmente en el área de la enseñanza moral en la Biblia. La mayoría de los principios se leen como si hubiesen sido escritos específicamente para los tiempos modernos. (Ellos reconocerían algunas excepciones, por ejemplo, las leyes sobre los alimentos del libro del Levítico). La perspectiva del "ahora" eclipsa cualquier sentido de la historia.

(2) El fundamentalismo tiene también una visión limitada de la revelación. Ya que ven la Biblia como la palabra final sobre casi cada tema, no hay lugar para el desarrollo doctrinal a través del tiempo o para reformulaciones de la doctrina cristiana en la historia, como otras iglesias reconocen. Los fundamentalistas no consideran importantes ni los credos básicos que las principales iglesias cristianas establecidas aceptan, tales como el Credo de los Apóstoles o el Credo Niceno. Sólo la Palabra de Dios, según la explican los intérpretes fundamentalistas, es lo esencial.

(3) Es irónico que otra limitación seria es la perspectiva no-bíblica del fundamentalismo. Éste profesa confiar sólo en

la Biblia y su mensaje autoevidente para sus fundamentos, pero la realidad es totalmente distinta. Una mirada a *The New Scofield Study Bible*, por ejemplo, revela que muchas percepciones que están en las notas a pie de página son realmente formulaciones de doctrinas que no están en la Biblia y que se le imponen. Tal es el caso con las dispensaciones que esta edición de la Biblia popularizó. La enseñanza de las siete "dispensaciones" es una construcción artificial de la historia de la salvación comparable a muchos otros esquemas doctrinales en la historia. Esta teoría divide la historia del mundo en siete alianzas o dispensaciones, cada una basada en un pasaje bíblico específico, por medio de las cuales se ha dado la relación de Dios con la humanidad. Las siete son:

- La dispensación de la inocencia (Gn 1:28; el jardín del Edén)
- La dispensación de la conciencia o la responsabilidad moral (Gn 3:7; desde la caída de Adán y Eva hasta Noé)
- La dispensación del gobierno humano (Gn 8:15; desde Noé hasta la alianza con Abraham)
- La dispensación de la promesa (Gn 12:1; desde el patriarca Abraham hasta Moisés)
- La dispensación de la ley (Ex 19:1; desde Moisés el legislador hasta Jesucristo)
- La dispensación de la Iglesia (He 2:1; desde la muerte y resurrección de Jesucristo hasta el presente)
- La dispensación del reino (Ap 20:4; empezará cuando Cristo regrese victorioso al mundo)

De acuerdo a esta teoría, en cada una de las seis dispensaciones la humanidad falló en vivir de acuerdo a las expectativas de Dios. Cada vez Dios ponía a la humanidad bajo ciertas expectativas, pero debido a que la humanidad falló en cumplir estos mandamientos, Dios por fin actuará en la última dispensación con el reino establecido por Jesucristo quien finalmente vencerá el mal y establecerá el reino de mil años de paz. El esquema es una interpretación sistemática de la Escritura, pero éste sigue siendo sólo eso—una interpretación basada sobre un esquema que es artificial y que a la suerte escoge ciertos pasajes claves como sus sostenes principales. Irónicamente, la creencia del fundamentalismo en las dispensaciones conduce también a minimizar los cuatro evangelios en comparación con otras partes del Nuevo Testamento (por ejemplo, las cartas de Pablo, el libro del Apocalipsis). El respeto que el fundamentalismo tiene por el lugar que la Biblia ocupa en la vida cristiana realmente oculta la verdadera intención de crear un sistema unificado que trate de formular respuestas sencillas a las preguntas de la vida. La Biblia provee una ayuda conveniente, pero paradójicamente ésta se usa para disfrazar un sistema que es extrínseco a la Biblia misma. Ésta es una inconsistencia seria en el fundamentalismo.

(4) El fundamentalismo también crea un "canon dentro de un canon", limitando la Biblia de esta manera a una serie de pasajes decisivos que limitan el sistema fundamentalista y al mismo tiempo ignoran otros pasajes que podrían retar sus suposiciones. Esto es aparente en su enfoque de la profecía bíblica. La literatura profética de la Biblia es mucho más importante que la literatura sapiencial. Hay una perspectiva muy limitada de la profecía que la reduce a la predicción y al cumplimiento, con poco respeto por la base histórica del mundo profético. Los profetas en el Antiguo Testamento tenían en cuenta a su propio pueblo en su propia época y en un futuro cercano, no lejano, y ciertamente no más de dos mil años más tarde. La aplicabilidad de la palabra profética depende primero de entenderla en su contexto histórico, antes de tratar de aplicarla al de hoy.

Los fundamentalistas también tienen pasajes esenciales (generalmente en la versión *Authorized King James*) a los cuales se refieren una y otra vez y son centrales a su creencia. Juan 3:16 ("¡Así amó Dios al mundo!"), Romanos 10:9 ("si confiesas con tu boca que Jesús es Señor . . ."), Juan 3:3 ("si no nace de nuevo . . .") se citan constantemente sin considerar otros pasajes que matizan el significado del texto. También debemos notar que la preferencia por una selección limitada de pasajes no es algo único del fundamentalismo. La mayor parte de los cristianos tienen pasajes favoritos a los cuales también regresan constantemente. Todas las denominaciones tienen ciertos pasajes que son claves para su propia identidad. Los católicos han defendido tradicionalmente el papado, los sacramentos y la estructura jerárquica de la Iglesia con ciertos pasajes en la Biblia. El peligro de esta posición es buscar la justificación del propio argumento mediante pasajes bíblicos específicos que "prueban" nuestro punto. Crear un canon dentro del canon es siempre algo peligroso, pues se ignoran otros pasajes que nos podrían comunicar la voluntad de Dios desde otra perspectiva totalmente distinta. Por esto es que el principio católico de leer la Biblia dentro del contexto de todo el canon y no sólo una parte de éste, y en el contexto más amplio de la enseñanza de la Iglesia, es útil para mantener un enfoque más objetivo de la Escritura.

(5) Una deficiencia relacionada con la anterior es una tendencia irónica a igualar la autoridad de todas las partes de la Biblia. Por el mero hecho de que la Biblia dice algo, los fundamentalistas piensan que debe de tener una aplicación en el mundo contemporáneo. Sin embargo, esto es lo que precisamente les dificulta a los fundamentalistas tratar con las contradicciones en el texto bíblico. No hay cabida para el crecimiento en la tradición ni para el desarrollo de una perspectiva moral que, de hecho, cambió a lo largo de los muchos siglos en los cuales la Biblia realizó su existencia. Una cosa es citar "ojo por ojo y diente por diente" (Ex 21:24; Lev 24:19-20) como un principio para un castigo justo y otra es citar la revocación que Jesús hace de esta ley (Mt 5:39). Ambas están en la Biblia, pero es seguro que tienen diferentes significados y diferentes valores. También los asuntos menores son elevados al nivel de enseñanzas serias sin pensar mucho en una jerarquía de las enseñanzas (por ejemplo, la enseñanza de Pablo de que las mujeres se cubran la cabeza, 1 Cor 11:10). No todo en la Biblia tiene el mismo valor.

(6) Otra limitación del fundamentalismo es su falla en apreciar la dimensión de la encarnación de la fe. No me estoy refiriendo a la doctrina de la encarnación, la enseñanza de que Jesús es Dios hecho hombre, sino a los aspectos relacionados con la encarnación de la fe cristiana que requieren un balance entre lo divino y lo humano. Los fundamentalistas ignoran las consecuencias de que la Biblia es la Palabra de Dios en palabras humanas. Aunque la Biblia contiene el mensaje de Dios, éste se expresa en palabras humanas y éstas tienen

limitaciones que requieren un discernimiento cuidadoso. Por esto es que los intérpretes deben poner atención cuidadosa a las formas literarias, al vocabulario, a la estructura de las oraciones y a otros elementos similares. La misma falta de perspectiva de la encarnación afecta el modo como los fundamentalistas ven a Jesucristo. A menudo enfatizan demasiado el aspecto divino en detrimento de su humanidad.

En una ocasión cuando yo enseñaba una clase de cristología (el estudio de Jesús como el Cristo, el Mesías) a un grupo pequeño, en el cual se encontraban presentes algunos fundamentalistas, surgió una pregunta sobre lo que Jesús sabía. Específicamente, alguien preguntó si Jesús sabía leer o escribir. Expliqué que la evidencia bíblica sugería que probablemente sabía leer (ver Lc 4:16-20), por lo menos hebreo y arameo y probablemente algo de griego koiné, el lenguaje común de esa época. Uno de los fundamentalistas se quejó muchísimo. Dijo que, ya que Jesús era Dios, ¡naturalmente sabía todos los idiomas! Cuando traté de explicar mi posición con base en la evidencia bíblica, simplemente no la pudo aceptar y se retiró. El tenía la naturaleza divina de Jesús tan colapsada en la humana que se apegaba a lo que esencialmente fue una antigua herejía, el monofisismo—la creencia sólo en la naturaleza divina de Jesús. La fe cristiana en su corriente principal toma muy en serio el lado de la encarnación de la Revelación, en relación tanto a Jesucristo como a la Biblia. La doctrina cristiana requiere que se mantenga la tensión entre un aspecto y otro de una verdad. Abarca una serie de proposiciones "ambos/y", más que una de "esto/o aquello".

(7) Otra limitación seria del fundamentalismo es el rechazo directo o el hacer a un lado el papel de la Iglesia. Darle demasiado énfasis a la fe personal, en detrimento de los aspectos comunitarios de ésta, denigra el papel de la Iglesia de una manera tal que viola el espíritu de la Biblia. Si sólo leemos las cartas de Pablo o los Hechos de los Apóstoles podemos ver la importancia de la "iglesia" como la comunidad de los discípulos. Dando por sentado que existen abusos de la religión demasiado institucionalizada que han llegado sigilosamente a las iglesias organizadas, no es posible rechazar sin más ni más la importancia de la comunidad eclesial.

Durante el Año de jubileo 2000, el Papa Juan Pablo II hizo un llamado a los miembros de la Iglesia católica para que confesaran su condición de pecadores y la condición de pecadores de nuestros antepasados a través de los tiempos. Los líderes y miembros de la Iglesia difícilmente han sido perfectos. De manera muy interesante algunas denominaciones protestantes siguieron este ejemplo e hicieron otro tanto también. La dimensión comunitaria de la fe cristiana se ve en tales gestos. Por otro lado, la perspectiva fundamentalista ignora esta dimensión comunitaria de la salvación y pone demasiado énfasis en la salvación personal.

(8) Finalmente, señalo la falta de apreciación, por parte del fundamentalismo, del concepto del misterio. La tendencia a querer que todo se explique racionalmente o el no tener lugar para preguntas o ambigüedad, socava seriamente la capacidad de los fundamentalistas para vivir en el mundo moderno. La Biblia no es un libro adivinatorio de respuestas. Tampoco es una bola de cristal hecha de papel. No da una solución para cada pregunta que los seres humanos pudieran presentarle. Hay un punto cuando tenemos que reconocer las limitaciones de nuestro conocimiento humano y confiar en la gracia de Dios. Al final debemos reconocer de vez en cuando que las intenciones de Dios siguen siendo un misterio, y que tendremos que esperar a que se revele más de este misterio. En su deseo por la certidumbre, los fundamentalistas tienden a ignorar el misterio a fin de buscar la explicación racional y organizada de cada faceta de la fe cristiana. No hay cabida para los cuentos. Este enfoque más bien coloca al misterio en un paquete muy lindo y cuidadosamente preparado que puede ser explicado y digerido fácilmente. En esencia esta debilidad es de orden epistemológico. La epistemología es una palabra rimbombante que se refiere a la filosofía del conocimiento. Es el estudio de lo que la gente puede saber y cómo llega al conocimiento propio y de su mundo. Los fundamentalistas creen que pueden conocer la voluntad de Dios con absoluta certeza, especialmente como ésta se revela en la Biblia. Pero el discernir la voluntad de Dios no siempre es tan sencillo como presume el esquema fundamentalista.

La tendencia fundamentalista por y la fascinación con la expectativa apocalíptica viene muy al caso. Por ejemplo, en vez de pasar horas infinitas especulando sobre la naturaleza de los eventos del fin del mundo, casi todos los cristianos reconocemos que no sabemos nada. Algunos pasajes de la Biblia apoyan esto. Pablo les advirtió a algunas de sus comunidades acerca de la inutilidad de especular sobre el fin de los tiempos ya que llegará "como un ladrón en plena noche" (1 Tes 5:1-2). Uno de los dichos de Jesús apoya esta admonición haciéndonos notar que sólo el Padre sabe cuándo será ese día (Mc 13:32; Mt 24:36). No necesitamos saber cada detalle de cómo o cuándo vendrá el Reino de Dios. Debería ser suficiente mantener la esperanza cristiana hasta que Jesús venga en gloria (1 Cor 11:26).

He intentado evaluar de una manera justa los pros y los contras del fundamentalismo, pero como católico obviamente creo que las limitaciones del fundamentalismo bíblico superan por mucho sus puntos sólidos. También reconozco que existen preguntas prácticas que todavía no se han contestado sobre cómo los católicos van a responder al reto fundamentalista hoy día. Trataremos este tema en nuestro último capítulo.

5

Una respuesta católica
al fundamentalismo

Para muchos católicos que se enfrentan al fundamentalismo bíblico en sus vidas diarias, la pregunta principal es cómo responder ante éste. Innumerables veces me han preguntado: "¿Me puede usted dar alguna respuesta para darle a mi amigo que dice que los católicos no son cristianos que creen en la Biblia?" Otros me han pedido pasajes bíblicos específicos para refutar las acusaciones de los fundamentalistas sobre las prácticas católicas, tales como la de dirigirnos a nuestros sacerdotes como "padre". En cierto sentido quieren munición bíblica para poder contestar el ataque.

Algunos autores han resucitado la táctica, establecida desde hace mucho tiempo, de la apología (del griego *apologia*, "discurso defensivo") en un intento de contrarrestar los reclamos fundamentalistas de que el catolicismo no es una fe cristiana auténtica (p.e., Karl Keating, *Catholicism and Fundamentalism* [San Francisco: Ignatius Press, 1988]; Scott and Kimberly Hahn, *Home Sweet Rome: Our Journey to Catholicism* [San Francisco: Ignatius Press, 1993]; y Philip St. Romain, *Respuestas católicas a preguntas fundamentalistas* [Liguori, Mo.: Liguori Press, 1987]). La apologética significa defender la fe ofreciendo explicaciones racionales para justificar la posición de la Iglesia. Es necesaria una cierta cantidad de apologética en tales situaciones, pero me temo que puede ser contraproducente. La apologética presupone que uno puede entrar en un diálogo con su adversario.

En mi experiencia, a menudo no es posible tener un diálogo con los fundamentalistas. La conversación de un solo lado es mucho más frecuente, siendo más monólogo que diálogo. Quienes creen tener la verdad absoluta e inalterable, es probable que no encuentren que el diálogo es útil. (Esto es verdad para cualquier posición, no solo para el fundamentalismo.) En su lugar, la conversación generalmente se convierte en una defensa fuerte de la propia posición, sin importar lo que dijo la otra persona. Y lo que es todavía más importante, los apologistas de la interpretación bíblica pueden caer inadvertidamente en la misma trampa que sus oponentes, principalmente, el mal uso de la Escritura y la confianza en la interpretación literal de pasajes, como lo hacen las otras personas. Sin embargo, pienso que hay una respuesta católica buena al fundamentalismo que puede hacérseles llegar a los católicos con este tipo de inquietudes. La resumo en algunas cosas que sí debemos hacer y unas que no. Después, a pesar de algunas dudas, ofreceré algunos consejos apologéticos sobre algunas preocupaciones fundamentalistas específicas a las que los católicos probablemente van a enfrentarse.

Lo que sí debemos hacer

(1) SÍ debemos educarnos en cuanto a la Biblia. La razón principal por la que los católicos se sienten molestos con las preguntas de los fundamentalistas es que la mayoría de ellos aún se sienten incómodos con el contenido de la Biblia. A menudo sus amigos o parientes protestantes, que citan la Biblia, capítulo y versículo de memoria, los intimidan. A pesar del progreso que se ha logrado en la educación relacionada con las Escrituras desde la clausura de Vaticano II, muchos católicos tienen solamente un conocimiento rudimentario de la Biblia. San Jerónimo hizo la famosa observación: "La ignorancia de las Escrituras es ignorancia de Cristo". Encontramos al Señor resucitado mediante la Biblia, pero temo que los resultados de más de treinta y cinco años de erudición católica de la Biblia no han llegado tan lejos como se hubiera esperado.

Los católicos necesitan reclamar la Biblia como su propiedad. El alentar a grupos de estudio bíblico parroquiales, sesiones de educación de la Biblia preparadas para todos los niveles (niños, adolescentes, adultos, mayores) y la promoción individual del estudio y la oración con la Biblia deberían ser prioridades para los católicos.

Los obispos estadounidenses en su breve carta pastoral sobre el fundamentalismo, a finales de los años ochenta, hablaban de la urgencia de la educación católica en cuanto a la Biblia:

> Necesitamos un Plan Pastoral para la Palabra de Dios que lleve las Sagradas Escrituras al corazón de la parroquia y de la vida individual. . . . Además de eso, los católicos necesitamos redoblar nuestros esfuerzos para hacer de nuestras misas parroquiales una expresión de adoración en la cual todos—parroquianos, visitantes y extranjeros—sientan el calor y la bienvenida y sepan que aquí la Biblia es claramente reverenciada y predicada (*Una declaración pastoral para los católicos sobre el fundamentalismo bíblico*, 7–8).

Aunque las parroquias católicas han progresado en la promoción de la Palabra de Dios, no veo evidencia de un plan pastoral unificado que haya elevado efectivamente el conocimiento general de la Biblia para los católicos. Hay varios programas buenos de estudio de la Biblia disponibles (el Estudio Bíblico de Little Rock, el Programa Denver, etc.) y muchas publicaciones útiles que les dan a los católicos una buena orientación sobre la Biblia (ver Recursos para el estudio adicional). En la primera década del nuevo milenio, el conocimiento de la Biblia debería convertirse en un objetivo de todas las parroquias católicas. A nivel personal los católicos deberían desarrollar el hábito de leer la Escritura diariamente y usar la Biblia para la oración en familia. No hay sustituto para la familiarización directa con la Biblia.

(2) SÍ debemos leer siempre la Biblia en contexto. Cuando leemos pasajes de la Biblia, siempre preguntémonos en qué contexto están. Contexto significa una variedad de cosas. El contexto más inmediato de un pasaje es lo que le rodea—lo

que viene antes y lo que viene después. Luego, está el contexto de secciones mayores del libro (por ejemplo, los capítulos de un libro) y el libro en sí de la Biblia. Los pasajes de Mateo se entienden mejor primero en el contexto de ese Evangelio, antes de hacer ninguna aplicación a otras secciones del Nuevo Testamento. Un tercer nivel de contexto es el histórico. Este contexto sólo se nos puede proporcionar al referirnos a una Biblia de estudio, a un comentario, a las notas a pie de la página o a otros materiales, pero es crucial entender lo que el pasaje pudo haber significado y en qué situación surgió cuando se escribió. Luego sigue el contexto mayor de todo el canon de la Sagrada Escritura. ¿Cómo encaja el pasaje en el testimonio de otros pasajes bíblicos? ¿Hay pasajes similares? ¿Nos ofrecen otros pasajes una perspectiva diferente? Aquí, nuevamente, las ayudas de estudio son indispensables. Finalmente uno debe preguntarse cómo encaja este pasaje en el contexto de la enseñanza de la Iglesia. Este último paso reconoce la perspectiva limitada de cada pasaje individual de la Biblia en comparación al testimonio total de fe a lo largo de los siglos. Toda esta atención al contexto podría parecer algo complicado, pero no lo es una vez que uno lo experimenta. Pero es crucial para ayudarnos a entender correctamente cómo una Palabra de Dios específica se aplica en nuestra época al preguntarnos cómo encaja en el contexto en el cual surgió.

(3) SÍ debemos reconocer las limitaciones de las conversaciones con los fundamentalistas. Los católicos necesitan ser realistas sobre lo que puede lograrse al tratar de conversar con los fundamentalistas. Al principio, tenemos que reconocer una brecha enorme entre nuestros enfoques respectivos de la Biblia. Ellos creen que la Biblia es la única fuente de la revelación de Dios. Los católicos creen que la Escritura y la Tradición, trabajando unidas, revelan la voluntad de Dios. Los fundamentalistas ven la inerrancia o infalibilidad de la Biblia como absoluta; los católicos aceptan la inerrancia de la Biblia sólo en términos de fe y moral como se enseña en la Biblia. Éstas son presuposiciones que, si se pudiera, no se pueden conciliar fácilmente. No podemos esperar resolver todas nuestras diferencias. Por otra parte, podemos aprovechar las cosas que sí tenemos en común, tal como la aceptación de la fe en Jesucristo,

el poder de la Biblia para vivificar la fe cristiana, la necesidad de arrepentirnos del pecado y de ser perdonados, etc.

(4) SÍ debemos aprovechar la tradición católica. Para que los católicos puedan tratar los temas fundamentalistas, deben sentirse cómodos con lo que su propia Iglesia enseña sobre la Biblia. Tener la seguridad de su propia fe es esencial para ser capaz de resistir una confrontación desde otro punto de vista. Mi experiencia me dice que muchos católicos no están familiarizados con la Biblia ni tampoco con la enseñanza larga y venerable sobre la Biblia en la historia católica. Los fundamentalistas no consideran que la fe católica se orienta por la Biblia, pero como he señalado antes, ésa es una distorsión de la realidad. El catolicismo está tan comprometido a honrar e interpretar la Biblia como Palabra de Dios como cualquier otra denominación cristiana. De hecho, la enseñanza católica enfatiza que cuando las Escrituras se proclaman, se experimenta a Cristo como el Señor Resucitado (Constitución sobre la sagrada liturgia no. 7 del Concilio Vaticano II). Los eruditos católicos podrán haber acudido más tarde que los eruditos protestantes al pozo de la Palabra de Dios, pero cuando llegaron, bebieron profundamente. El católico promedio necesita familiarizarse más con lo que la Iglesia enseña oficialmente sobre la Biblia, y los párrocos, los catequistas y los educadores necesitan darle prioridad a esto.

(5) SÍ debemos animar la buena predicación que procede de la Biblia. Hoy día los seminarios católicos a menudo promueven una instrucción excelente sobre la Biblia y las homilías como no se hacía antes del Concilio Vaticano II. Consecuentemente, muchos sacerdotes y diáconos permanentes han recibido mejor instrucción sobre la Biblia y se les ha enseñado a predicar la Palabra de Dios más efectivamente desde el púlpito como nunca antes. Sin embargo, la realidad es que entre los fundamentalistas hay muchos católicos desilusionados, que sintieron que recibieron poca o ninguna instrucción de parte del clero sobre la Biblia. La gente debería animar a sus sacerdotes y diáconos a proclamar la Palabra de Dios de manera efectiva y apasionada. Hoy día abundan los recursos para una buena predicación y muchas diócesis han patrocinado días de educación para su clero, cuya finalidad es mejorar la calidad

de la predicación. No existe un método que asegure que una homilía sea bíblica, pero el reto de explicar la Palabra de Dios de una manera no técnica, y de modo similar aplicarla a la vida de la gente, es una tarea que merece la atención del clero a través de los siglos.

(6) SÍ debemos promover un buen espíritu comunitario en la parroquia. Otra razón por la que los católicos desilusionados han ido a las comunidades fundamentalistas es que se sienten más bienvenidos, más en casa y que pertenecen más a ese grupo que a su parroquia. Las parroquias católicas grandes e impersonales, tienen que trabajar incansablemente por promover tal espíritu comunitario. Muchas parroquias han empezado a promover comunidades pequeñas de fe cristiana a fin de recapturar algo de ese sentido de comunidad que se pierde en lugares más grandes. Muchas parroquias también han instituido ministros de hospitalidad, cuya tarea es darles la bienvenida a las personas cuando se reúnen para el culto o tener reuniones sociales con café y donas después de la Misa dominical. Hágase lo que se haga, las parroquias católicas deben ser consideradas como comunidades hospitalarias. Esto no sólo se relaciona al culto dominical, sino también a los esfuerzos que una parroquia hace por incluir a todas las personas.

(7) SÍ debemos sentirnos cómodos al expresar la fe en términos personales. Los fundamentalistas no sienten pena cuando hablan sobre su fe. La llevan como una medalla de honor. Por otra parte, muchos católicos encuentran difícil hablar de su fe en términos intensamente personales o emotivos. El catolicismo tiene un modo más racional y sistemático de hablar de la fe, el cual es menos emocional. Uno de los programas en la Iglesia católica de renovación postconciliar que a algunas personas les pareció muy atractivo fue el movimiento carismático católico. Algunos grupos fundamentalistas vienen de la tradición carismática. Estos enfatizan el lado más emocional de la fe y los dones del Espíritu Santo. El movimiento católico carismático les dio a los católicos la libertad de expresar su fe en términos más personales y emocionales. No todos necesitamos convertirnos literalmente en carismáticos para ser retados a explorar este nivel más afectivo de la fe.

Otro aspecto de este asunto es la necesidad de que los católicos exploren más el tema de la evangelización. En preparación para el año 2000 y para el nuevo milenio cristiano, el Papa Juan Pablo II enfatizó mucho la necesidad de que los católicos vean la evangelización como uno de sus deberes importantes. Evangelización significa el deseo de proclamarles el evangelio de Jesucristo, de palabra y hecho, a todos a quienes encontremos. No necesariamente significa que nos debemos parar sobre nuestra propia tribuna y regañar a la gente. Evangelización significa hablar abierta y cómodamente sobre la propia fe. Significa propagar el mensaje de Jesús claramente para que otros puedan encontrarlo y aceptarlo. Ya que ciertamente hay católicos desilusionados en el mundo, el mensaje bien se les podría dirigir primero a ellos. En años recientes muchas diócesis han tenido grandes reuniones, a menudo grandes servicios de reconciliación, para llegar a aquellas personas que son indiferentes a la Iglesia católica. El reconocimiento franco del Papa de los pecados de los miembros de la Iglesia durante dos milenios de historia cristiana también contribuyó a este esfuerzo evangélico. El reconocimiento de las propias fallas y de la necesidad de conversión es un punto excelente para iniciar la verdadera evangelización, y esto también es parte de la fe católica. De hecho, orar por la propia conversión debe ser la prioridad mayor en cada mente cristiana antes de "iniciar la batalla" contra el resto del mundo.

Lo que no debemos hacer

Mientras que puedo reconocer algunos modos positivos para tratar el fundamentalismo, también señalo algunos peligros:

(1) NO debemos sucumbir a la tentación de hacer de la apologética la respuesta. La dificultad que encuentro con un enfoque puramente apologético al fundamentalismo es que lo reduce todo a preguntas y respuestas. A menudo esto se convierte en un tipo de "Jeopardy bíblico". Los fundamentalistas señalan un pasaje de la Escritura para defender una posición, y los católicos responden con un pasaje opuesto. Como nos muestra el relato de la tentación de Jesús, hasta el demonio puede citar la Escritura (ver Mt 4:1-11 y Lc 4:1-13). Debido a que la Biblia se desarrolló durante un período de cientos de

años, inevitablemente existen pasajes contradictorios en la Escritura. Si se busca con dedicación suficiente, en la Biblia se puede encontrar casi cualquier pasaje que tenga un mensaje opuesto. Después de todo, jugar un juego de intercambio de citas no resuelve nada. Hasta cierto punto, la apologética puede ayudar, pero va a llegar un momento determinado cuando la posición fundamentalista y la católica simplemente se desviarán. Es muy probable que tendremos que decidir que no vamos a estar de acuerdo.

(2) *NO hagas de tu interpretación LA interpretación.* Un error común al interpretar la Biblia es suponer que sólo porque mi interpretación me hace sentido, entonces eso es lo que el pasaje debe significar. Debemos evitar canonizar nuestra propia interpretación como *la* interpretación. Debemos permanecer abiertos a ser iluminados por otras interpretaciones alternativas, algunas de las cuales pueden estar más informadas que la nuestra. Algunas personas podrían ver una agenda elitista en este consejo. Yo no lo veo así. Reconocer que ciertas personas son expertas en la interpretación bíblica y que han estudiado el campo profesionalmente y, por consiguiente, es más probable que sepan mucho más que el cristiano promedio que lee la Biblia, es un hecho que nos arriesgamos a ignorar.

(3) *NO debemos ridiculizar el fundamentalismo.* Burlarte de la oposición nunca es una buena táctica. Los católicos no deberían involucrarse en estereotipar a todos los fundamentalistas ni deberían promover innecesariamente una actitud de "nosotros contra ellos". Algunos fundamentalistas son anti-intelectuales cerrados, pero otros no. Mientras que es verdad que muchos evangelistas de radio y televisión han pronunciado algunas acusaciones terribles contra la Iglesia católica, no debemos responder de la misma manera. Este libro ha aclarado que el fundamentalismo es incompatible con la fe católica, pero me he dedicado a analizar el tema desde un punto de vista juicioso y no polémico.

Otra razón para mantenernos tan imparciales como nos sea posible es que, si somos honestos con nosotros mismos, reconoceremos que los católicos también pueden caer en cierto tipo de fundamentalismo. Algunos eruditos hasta han llegado a afirmar la existencia de un fundamentalismo católico, en el cual la enseñanza magisterial de la Iglesia, entendida de una manera limitada, se usa como un arma para atacar a católicos más liberales, todo en nombre de la protección de la ortodoxia. Quizás sería mejor llamar a esto "dogmatismo" más que fundamentalismo. El hecho es que un enfoque de la vida extremadamente rígido y dogmático puede encontrarse en ambos lados del espectro político católico, tanto en la izquierda como en la derecha. En este sentido el "fundamentalismo" existe en muchas formas. Tales personas se convierten en defensoras autoproclamadas de la fe, pero no son muy diferentes de los fundamentalistas tímidos quienes se apegan a una posición a *priori* sin ni siquiera pensar en el diálogo. Además, si los fundamentalistas han acudido a la Biblia en busca de textos de apoyo para sostener una doctrina u otra, los católicos y otros cristianos han hecho lo mismo. En otras palabras, debemos estar muy conscientes de nuestro propio enfoque, algunas veces limitado, de la Escritura. Como dijo Jesús, "¿Qué pasa? Ves la pelusa en el ojo de tu hermano, ¿y no te das cuenta del tronco que hay en el tuyo?" (Mt 7:3). (El contexto del discurso en el monte llama a los discípulos de Jesús a ir más allá de cómo normalmente enfocamos la religión.) Todos somos llamados a reconocer nuestras propias limitaciones y a hacerle caso al mensaje de la llamada de Jesús a la conversión.

(4) *NO debemos tomar el fundamentalismo a la ligera.* Los católicos necesitamos estar vigilantes a la influencia del fundamentalismo. Una encuesta reciente sugirió que alrededor del 30% de todos los americanos consideran que son cristianos "renacidos". Cometeríamos un error si considéramos que el fundamentalismo es una versión sin importancia y anacrónica del cristianismo, cuya influencia es pequeña e insignificante. Tan sorprendente como nos pueda parecer, ha habido batallas legales recientes sobre la enseñanza de la teoría de la evolución contra la enseñanza del creacionismo en las escuelas públicas (por ejemplo, en Kansas en el 2000), con base en una lectura fundamentalista del libro del Génesis. Los evangelistas fundamentalistas en el radio y la tv siguen influyendo mucho algunos sectores de la población en general.

La "derecha religiosa", la cual incluye a los fundamentalistas, ha realizado un esfuerzo concertado para influir los resultados de las elecciones y lograr que los cambios en las leyes traten su agenda específica, de acuerdo con su derecho democrático. Están organizados y bien financiados, y sienten que su obligación es remodelar la estructura moral de los Estados Unidos. En ocasiones, lo que acompaña esta perspectiva fundamentalista es una forma virulenta de anticatolicismo, antisemitismo y de una oposición al pensamiento moderno en general. En mi opinión, los católicos no deberían ignorar ni subestimar como el fundamentalismo puede influir en la corriente principal de la vida americana, aun cuando podemos estar de acuerdo con algo de su agenda política (por ejemplo, la protección de la vida de quienes no han nacido).

(5) *NO debemos renunciar a la esperanza*. Cuando les hacemos frente a los fundamentalistas, podríamos estar tentados a desanimarnos si la situación se convierte en un punto muerto. Lo más frustrante para algunos católicos es ver a miembros de su familia o a buenos amigos enredados en una comunidad fundamentalista. Se vuelven celosos de su nueva fe, y puede ser difícil tolerar los cambios de conducta que afectan a las personas, especialmente si se vuelven un poco agresivos con sus seres queridos. Aunque soy escéptico en cuanto al progreso del diálogo entre los católicos y los fundamentalistas, sigo siempre esperanzado de que algún día ocurran acercamientos. A diferencia de la Iglesia católica y de la mayoría de las denominaciones protestantes principales que han abrazado el ecumenismo, los fundamentalistas no han sido prontos en participar en los diálogos ecuménicos e interreligiosos. Se considera que los católicos son "el enemigo". De hecho, en lo concerniente al enfoque de la Biblia, los católicos tienen más en común con las denominaciones protestantes principales que con los fundamentalistas. A pesar de esto creo que deberíamos sostener una posición esperanzada y nunca renunciar a tratar de entender a los fundamentalistas aun cuando elijamos no estar de acuerdo con su postura.

Cómo responder a preguntas
fundamentalistas específicas

Arriba advertí acerca de las limitaciones de la apologética al tratar con el fundamentalismo bíblico. Sin embargo soy realista en saber que muchos católicos buscan orientación en cuanto a preguntas específicas que les vienen de amigos y parientes fundamentalistas. Para este fin, ofrezco estos consejos sobre algunas preguntas importantes con las que yo creo que se toparán rutinariamente en sus encuentros con los fundamentalistas. Enfatizo que la mejor forma de tratar estos asuntos es obtener una mayor educación en cuanto a lo que la Biblia enseña o no enseña.

Algunas preguntas frecuentes

- ¿Por qué los católicos creen en tradiciones humanas más que en la Biblia?

Lo que los fundamentalistas generalmente llaman "tradiciones humanas" es la colección de doctrinas que forman la base de la fe católica y que, a su parecer no se encuentran en la Biblia. Una respuesta a esta cuestión comprende dos asuntos. Uno es que, contrario a las percepciones fundamentalistas, los católicos de hecho son cristianos que creen en la Biblia. Los católicos creen que la Biblia es la Palabra de Dios, que ésta contiene muchas enseñanzas esenciales sobre la fe y la moral, y que ella es absolutamente vital para la vida espiritual. Desde el Concilio Vaticano Segundo, los católicos también siempre han celebrado todos los sacramentos con, al menos, alguna lectura de la Biblia. La más importante es la celebración de la Eucaristía. En cada Misa los católicos escuchan partes de la Biblia compiladas en un libro de lecturas llamado "el Leccionario". Los domingos los católicos escuchan tres lecturas y un salmo responsorial. Los días feriados hay dos lecturas y un salmo responsorial. Una lectura viene siempre de uno de los cuatro evangelios canónicos. Se espera que los sacerdotes (u otros homilistas), den por lo menos una reflexión breve sobre estas lecturas para explicarlas y aplicarlas a la vida actual. La Iglesia también anima a los católicos a leer, estudiar y orar con la Biblia con regularidad.

La segunda respuesta tiene que ver con la idea de "las tradiciones humanas". Los católicos no creen que las enseñanzas de su Iglesia tengan un origen puramente humano. Del mismo modo que aceptamos el papel del Espíritu Santo en la inspiración de la Biblia, así creemos que el Espíritu Santo guía a la Iglesia en su enseñanza y evita que caiga en el error en asuntos de doctrina y moralidad. Creemos que el Espíritu Santo guía a la Iglesia al formular sus doctrinas que han evolucionado a través de los años. Ese mismo Espíritu Santo es el responsable de que la enseñanza de la Iglesia no contenga errores en cuestiones de fe o moral. Los fundamentalistas creen erróneamente que su confianza en la Biblia no se basa en "las tradiciones humanas", pero eso no es totalmente cierto. Como dije anteriormente, un vistazo a las enseñanzas contenidas en *The New Scofield Study Bible* muestra que sus explicaciones de la Biblia son interpretaciones humanas que no son necesariamente inherentes a lo que la Biblia dice. Así que, paradójicamente, muchas creencias fundamentalistas (tales como las siete dispensaciones, el rapto, etc.), son interpretaciones humanas de la Biblia mas que revelaciones divinas.

• ¿Dónde en la Biblia dice que . . .?

Muchas veces la gente me ha hecho preguntas que empiezan con esta frase. Generalmente buscan lugares donde poder obtener una idea específica que refute algún reclamo fundamentalista. Arriba advertí que existe el peligro de estar intercambiando citas bíblicas. Al final eso no será suficiente. Pero en ocasiones los católicos sólo necesitan ayuda para poder encontrar un pasaje bíblico que recuerdan vagamente.

Les comunicaré un pequeño secreto. Encontrar un pasaje específico en la Biblia realmente no es tan difícil. Todo lo que en realidad se necesita es una concordancia bíblica. Una concordancia es una lista de palabras que va con una versión específica de la Biblia y que señala todos los pasajes donde esa palabra se presenta. Si uno sabe una palabra importante de un pasaje bíblico todo lo que se tiene que hacer es ir a la lista y buscarla. Sin embargo esto puede ser una tarea difícil. La concordancia, que generalmente se puede encontrar en una biblioteca si la persona no tiene una, está coordinada con una traducción específica de la Biblia. Por supuesto los eruditos usan concordancias del griego y del hebreo para los idiomas originales, pero la base es la misma para el español, el inglés y para la mayoría de los idiomas actuales. Existen varias concordancias disponibles en librerías que van con traducciones específicas de la Biblia.

Digamos que alguien quiere saber ¿Dónde en la Biblia dice que debes "confesar con tus labios que Jesucristo es el Señor"? Las palabras principales que uno buscaría son "confesar" y "labios". Buscar una palabra como "Jesús" o "Señor" nos llevaría a demasiados pasajes. La clave aquí es asegurarnos que las palabras que uno recuerda de hecho se usan en la traducción. Sucede que la versión *New Revised Standard* frasea el pasaje de esa manera (Rom 10:9). Sin embargo la *New American Bible* emplea la frase "si confiesas con tu boca . . ." Encontraríamos el pasaje buscando con el verbo "confesar" o con la palabra "boca" pero no con la palabra "labios".

Para quienes tienen una computadora, hasta hay métodos más rápidos para encontrar un pasaje. Existen numerosos *softwares* de Biblia en el mercado, algunos de precios módicos y fáciles de usar, que permiten realizar búsquedas por palabra y otras similares. Si realmente quieres saber dónde la Biblia dice algo, familiarízate con algún tipo de concordancia.

- ¿Por qué usan los católicos el título "padre" para sus presbíteros cuando la Biblia lo prohíbe?

Los fundamentalistas toman literalmente el mandato de Jesús en el Evangelio de Mateo de no llamar "Padre a nadie en la tierra, porque ustedes tienen un solo Padre, el que está en el Cielo" (23:9). No comprenden por qué los católicos violan este pasaje dirigiéndose a sus presbíteros como "padre". Antes que nada debemos notar que el contexto del pasaje de Mateo trata sobre las prioridades erróneas y la soberbia. Jesús predica en contra de la gente que asume títulos y posiciones que los colocan sobre otra gente, ya sea rabino, maestro, padre, doctor, erudito o cualquier otro título. El asunto no es simplemente evitar literalmente el título "padre" sino evitar la dominación de otros confiando en un honor, posición o título externos que olvida nuestra propia posición de ser servidores de los otros.

Con el término específico "padre", Jesús está haciendo una comparación, la cual se hace explícita frecuentemente en el Evangelio de Mateo, de que Dios es el verdadero Padre de todos. Esto no es negación de los "padres" terrenales. Más bien, Jesús llama a sus discípulos a abandonar todas las relaciones familiares (Mt 4:22) y a entrar a una nueva familia, la familia de los discípulos (Mt 12:46-49) quienes juntos confían en el único Padre que los bendice y los cuida (ver Mt 6:9). Entonces, lo que Jesús prohíbe no tiene como finalidad eliminar el título "padre" del vocabulario humano (ya sea para padres biológicos o para padres sustitutos) sino ponerlo en su perspectiva correspondiente, en relación a la paternidad de Dios. No sólo eso, sino que el Nuevo Testamento demuestra en otros pasajes que la Iglesia de los comienzos no abandonó la imagen de padre. Por ejemplo, Pablo se comparó explícitamente con un padre en relación con sus conversos (1 Cor 4:15; Fil 2:22). Por lo tanto, Pablo no estaba rechazando el consejo de Jesús. En lugar de esto, en 1 Cor 4:14-17 Pablo emplea la metáfora de un padre y sus "hijos muy queridos" para hablar tanto del amor como de la instrucción que él les imparte como a hijos espirituales (del griego *teknon*). Hace uso excelente de la metáfora hasta llegar a decir explícitamente, "Pues aunque tuvieran diez mil instructores de vida cristiana, no pueden tener muchos padres, y he sido yo quien les transmitió la vida en Cristo Jesús" (1 Cor 4:15).

Por consiguiente, los católicos usan el término "padre" para dirigirse a sus sacerdotes motivados por el respeto al oficio sacerdotal y con el deseo de promover un verdadero sentido de la familia de los discípulos a quienes Jesús reunió en su nombre. Los sacerdotes no deben usar su posición para recibir honores, sino para servir a sus hermanas y hermanos (Mt 20:26) a quienes cuidan como un padre hace con sus hijos y como un pastor cuida de su rebaño (Mt 9:36).

• ¿Por qué adoran los católicos a María y a los santos?

Los católicos no adoran a María ni a los santos. Algunas veces las personas que no son católicas tienen la falsa impresión de que sí lo hacemos, pero los católicos creen, junto con todos los cristianos, que sólo Dios merece adoración. Honramos a María y a los santos porque creemos que son modelos excelentes de fe. Por ejemplo, el Evangelio de Lucas nos presenta a María en términos tan favorables que hacen de ella un discípulo modelo, ya que ella es la que escucha y cumple perfectamente la voluntad de Dios. Su disposición para darle su "sí" a la voluntad misteriosa de Dios ofrece el supremo ejemplo del discipulado (Lc 1:26-38, 45; cf. 6:46-48). La Iglesia continúa reconociendo a santos y proclamando a nuevos, a fin de demostrar que la gracia de Dios abunda en todas las identidades étnicas y nacionales, extendiéndose a las personas en todas las esferas de la vida, culturas y circunstancias personales. Se usan pinturas y estatuas de tales mujeres y hombres de santidad porque nos dan imágenes concretas para que reflexionemos sobre ellas. Los católicos bajo ninguna circunstancia adoran tales objetos. Son meras ayudas para visualizar el modelo más explícitamente.

- ¿Por qué no rechazan los católicos la teoría de la evolución humana como contraria a la Biblia?

A los católicos no nos causa ningún problema la teoría científica moderna de la evolución porque los católicos no creemos que la Biblia sea inerrante en cuestiones de ciencia o de historia. No la vemos, en absoluto, como contraria a la Biblia. Ni vemos el relato de la creación del Génesis como una explicación literal de cómo llegó a existir el universo. Mientras uno crea que Dios, en última instancia, es responsable de la creación y que ésta es buena, encontramos que las explicaciones científicas son tan plausibles como la evidencia que producen. En una alocución a la Academia Pontificia de las Ciencias, el Papa Juan Pablo II declaró formalmente que la teoría de la evolución no es contraria a la Biblia ni tampoco contradice la fe católica.

- ¿Por qué tienen los católicos un papa y obispos? Esto no se encuentra en la Biblia.

Primero, como se señaló en el capítulo tres, los católicos no aceptan que todo en nuestra fe debe venir de la Biblia. Así que debemos admitir inicialmente que tenemos puntos de arranque totalmente diferentes.

En cuanto al asunto de la estructura jerárquica de la Iglesia, los católicos creen que el papado, el episcopado, el sacerdocio, el diaconado y la vida religiosa se han desarrollado a través de los años bajo la guía del Espíritu Santo. Vemos estas estructuras como enraizadas en el Nuevo Testamento hasta cuando reconocemos que éste no nos da una descripción detallada de ellas. Los católicos creen que las palabras que Jesús le dirigió a Pedro en el Evangelio de Mateo (16:16-19 "Feliz eres Simón, . . . Tú eres Pedro (o sea Piedra), y sobre esta piedra edificaré mi Iglesia . . .") forman la base del ministerio de Pedro, el cual se convirtió en el papado, un ministerio de liderazgo y promoción de la unidad. Otros documentos del Nuevo Testamento confirman el papel del liderazgo especial de Pedro como el vocero de los doce apóstoles originales. Los diálogos ecuménicos con algunas comunidades protestantes principales también han conducido a su reconocimiento del papel especial de Pedro aunque no necesariamente aceptan la estructura del papado.

Además, algunos documentos del Nuevo Testamento hablan de presbíteros-obispos quienes funcionaron como supervisores y líderes de las iglesias locales. Aunque éstos no son equivalentes exactos de los obispos de hoy en día, son el antecedente para el desarrollo de oficios administrativos que surgieron cuando la Iglesia creció más y más, convirtiéndose en una organización que necesitaba pastoreo formal. Más tarde, documentos del Nuevo Testamento (por ejemplo, 1–2 Tim; Tito) muestran esta institucionalización creciente conducente a su designación como "las epístolas católicas". Pero una vez más debemos admitirles a los fundamentalistas que no creemos que las estructuras eclesiásticas actuales necesitan ajustarse literalmente a pasajes bíblicos específicos.

• ¿Por qué creen los católicos en la infalibilidad del papa?

Esta pregunta podría parecer curiosa viniendo de fundamentalistas que creen en la infalibilidad de la Biblia. El punto, por supuesto, es la pregunta de cómo un ser humano podría ser infalible. Debemos indicar que la enseñanza católica sobre la infalibilidad papal, la cual se definió en el siglo XIX durante el Concilio Vaticano I, aplica sólo cuando el papa hace declaraciones *ex cathedra* (del latín que significa literalmente "desde la silla" [de autoridad] porque en la tradición judía antigua, una persona estaba sentada cuando impartía la enseñanza autoritativa), es decir, explícitamente, cuando pronuncia una enseñanza formal dogmática. Esto sólo se ha hecho dos veces en la historia de la Iglesia: para proclamar la doctrina de la Inmaculada Concepción de María (1854) y la doctrina de la Asunción de María (1950). Los católicos creen que el Espíritu Santo guía a la Iglesia al hacer tales declaraciones, así como el mismo Espíritu Santo guió a los autores de la Escritura para comunicar la verdad en cuanto a la fe y la moralidad. En cada caso, Dios es quien asegura la verdad. Los humanos son los vehículos por los cuales se comunica la verdad. Por lo tanto, ya sea que esté en juego la infalibilidad de la enseñanza papal o la verdad religiosa de la Biblia, la autoridad divina es la fuente.

Algo de lo que debemos tener cuidado es que muchos católicos piensan erróneamente que casi cualquier declaración papal que se haga es infalible y se debe creer. Éste no es el caso. Los católicos creen en una jerarquía de verdades, algunas de las cuales son centrales y otras que son más ajenas a la fe. No toda enseñanza tiene la misma importancia. Una vez más, los católicos reconocerían que la doctrina de la infalibilidad no está en la Biblia. Sin embargo, creemos que las promesas que Jesús le hizo a Pedro, las cuales constituyen el fundamento de la función de Pedro del papado (Mt 16:16-19) sirven como garantía de que Dios nunca permitiría que la Iglesia se equivocara en su proclamación de doctrinas.

• ¿Por qué creen los católicos en la Iglesia y en los sacramentos?

A diferencia de muchos fundamentalistas que ven a la Iglesia ya sea con indiferencia o rechazo total, los católicos creen que la Iglesia es una parte esencial del plan de Dios de salvación. La Iglesia es el Pueblo de Dios, la comunidad de los discípulos de Jesús, llamada a llevar el mensaje de Cristo al mundo mediante su vida, su testimonio y su celebración de la Palabra y los sacramentos. Muchos pasajes en el Nuevo Testamento hablan de la Iglesia. En particular, los católicos consideran Mt 16:16-18 como el texto clave para la fundación de la Iglesia, pero muchos otros textos hablan de sus funciones (Hech 20:28; Ef 3:10; 1 Tim 3:15; etc.). Los católicos también creen que el Antiguo Testamento prefiguraba a la Iglesia tanto en su explicación de la raza humana como la familia de Dios destinada a estar unida en una sola comunidad y como asamblea del pueblo elegido, el pueblo de Israel. De hecho, la palabra que el Nuevo Testamento usa para Iglesia (del griego *ekklēsia*, "asamblea, reunión, convocación", de la raíz *ekkalein*, "ser llamado de [sacado de]"), se basa en una noción del Antiguo Testamento de "asamblea" (del hebreo *qahal*).

Los católicos ven a la Iglesia como una clase de "sacramento" (del latín *sacramentum*, "misterio, signo") la cual es el signo visible del misterio del deseo de Dios de unir a la gente en una familia. Los siete sacramentos (mencionados más adelante) son signos externos de la gracia invisible de Dios trabajando en la Iglesia y en el mundo. Los católicos creen que cada uno de éstos se origina en la Biblia, pero que su desarrollo en la historia ha ocurrido bajo la guía del Espíritu Santo. Sin embargo, debemos tener cuidado de no ser víctimas de la idea de citar pasajes fuera de su contexto. Aunque los católicos creen que los sacramentos tienen su origen en la Biblia, no por eso pensamos que todo lo que la Iglesia hace, enseña o cree sobre ellos debe encontrarse en la Escritura. Para ver las raíces bíblicas de los sacramentos, se pueden consultar los siguientes pasajes:

- el bautismo – Juan 3:5; He 2:38
- la Eucaristía – 1 Co 11:23-26; Mt 26:17-29; Mc 14:12-25; Lc 22:7-20
- la confirmación – Hech 2:1-4
- la reconciliación – Jn 20:22-23; 2 Co 5:18
- el matrimonio – Gén 2:18-25; Jn 2:1-11
- el orden sacerdotal – Mc 14:12-25 y paralelos; 1 Tim 4:14; 2 Tim 1:6
- la unción de los enfermos – Stgo 5:14

¿Por qué no aceptan los católicos a Jesús como su Señor y Salvador personal?

Los católicos sí aceptamos a Jesús como nuestro Señor y Salvador personal, pero no enfocamos esta declaración de la misma forma que los fundamentalistas. Para ellos, ésta es la declaración más pura de la fe. Creen que deben confesar a

Jesús literalmente de palabra para poder ser salvos. Señalan un pasaje de Romanos para defender su postura (Rom 10:9). Para los católicos, llegar a la fe y expresarla es un proceso más complejo y complicado. Los católicos no exageran la dimensión personal de la salvación. Jesucristo no vino simplemente a salvarme a mí, sino al mundo. La salvación está mediada por una comunidad de fe y no sólo por el contacto personal con Jesús. Esto no le resta importancia a la necesidad de tener un compromiso personal, sino que lo pone en su contexto comunitario adecuado.

- ¿Por qué bautizan los católicos a los bebés?

En ninguna parte de la Biblia se prohíbe el bautismo de los niños. Los fundamentalistas tienen problemas con la práctica católica debido a su énfasis en la decisión personal que, de acuerdo a su punto de vista, la conversión al cristianismo requiere. Ya que los niños no pueden tomar tal decisión conscientemente, el bautizarlos les parece inútil. Los católicos ven la conversión desde una perspectiva más general. Desde los primeros días de la Iglesia, los cristianos bautizaban a los niños. La Biblia nos da indicios de esto, aunque no lo declara explícitamente. Por ejemplo, en los Hechos de los Apóstoles los relatos de conversión nos cuentan como se bautizaban "casas enteras". Los ejemplos incluyen a Cornelio, un capitán de un batallón de Itálica y los de su casa (He 10:47-48), Lidia, la vendedora de púrpura y su casa (He 16:15), el carcelero filipense "y su casa entera" (He 16:33), Crispo, el líder de la sinagoga corintia y su casa (He 18:8) y Estefanás y su casa (1 Cor 1:16; 16:15). ¿A qué se refiere aquí la palabra casa (del griego *oikos*)? Ésta incluye esposo, esposa, niños y esclavos, como también a los adultos libres. Probablemente podrían incluirse a los bebés, pero eso nunca se confirma específicamente.

Más al punto es que los católicos no consideran el bautismo sólo como una decisión adulta. Los padres hacen bautizar a sus hijos de manera que ellos puedan ser educados en la fe que los padres desean pasar a sus hijos. Naturalmente, en algún momento el bautismo propio se debe aceptar concientemente (o confirmar), para que la fe auténtica madure. Por tanto, los católicos no ignoran la necesidad de tomar una decisión y hacer un compromiso personal con la fe propia.

• ¿Por qué no son los católicos cristianos "renacidos"?

Generalmente, lo que esta pregunta infiere es la idea de que los católicos no son *realmente* cristianos porque no aceptan a Jesús como su único salvador personal, no se consideran a sí mismos "renacidos", no usan la Biblia, etc. A pesar de las acusaciones fundamentalistas, los católicos de hecho son cristianos. Un cristiano es esencialmente cualquiera quien sigue a Jesucristo y su mensaje. En virtud de nuestro bautismo y de nuestro intento de poner en acción las enseñanzas de Jesús, los católicos no somos menos cristianos que cualquier otro seguidor de Jesús.

Por supuesto, la fe consiste de mucho más que un mero consentimiento de palabra. Los fundamentalistas han hecho central a su fe la idea de "volver a nacer". Los católicos no se oponen a la idea de volver a nacer. Después de todo, esto es parte de las enseñanzas de Jesús en el Evangelio de Juan. Sin embargo, debemos notar que ese lenguaje se usa muy poco en el Nuevo Testamento. Debemos examinar más de cerca el pasaje central (Jn 3:3-6).

Cuando Jesús le dice al líder judío Nicodemo que él debe "nacer de nuevo" (Griego *anōthen*), está haciendo un juego de palabras. La palabra puede significar tanto "de lo alto" como también "de nuevo". En la visión del mundo de Juan, Jesús es el que ha venido "de lo alto" (el mundo celestial), y él regresará allá, y eventualmente reunirá a todos sus seguidores allá. Jesús baja a este mundo para señalar sus limitaciones y enfocar nuestra atención al mundo de arriba. Nicodemo malinterpreta este dicho y piensa que debe regresar al vientre. Así, la idea de nacer "de nuevo" es, de hecho, un malentendido. Jesús quiere decir que Nicodemo debe nacer nuevo, fresco, con la luz de la fe en Jesús. Continúa para unir la idea con el nacer "del agua y del Espíritu", una alusión clara al bautismo. De este modo el nacer "de lo alto" incluye el ser bautizado y llegar a creer en Jesucristo. Curiosamente, la mayoría de los fundamentalistas no conectan las ideas del bautismo y de la conversión, a pesar de la evidencia bíblica que sí lo hace.

Los católicos pueden aceptar la idea de "nacer de nuevo" en el sentido de que la fe requiere una conversión continua, una y otra vez, a Jesucristo. Esto significa hacer de la vida espiritual (la vida de arriba), la prioridad sobre la vida terrenal (la vida de abajo). Aunque los católicos aceptan el bautismo como un suceso que sólo ocurre una vez, no creen que la conversión pueda reducirse a un momento específico en un momento o un lugar cuando "volvemos a nacer". Más bien podríamos decir que necesitamos nacer una y otra y otra vez. Los católicos ven la conversión como un proceso continuo que dura toda la vida. En algunas ocasiones la gracia de Dios puede actuar dramáticamente en la vida de una persona para realizar un cambio súbito, pero la experiencia normativa es que la mayoría de las personas experimenta un cambio lento, gradual en sus vidas conforme la gracia de Dios trabaja lentamente para transformarlas en mejores seres humanos. (Para ver una explicación más completa de la enseñanza del Nuevo Testamento sobre la conversión, ver Ronald D. Witherup, *Conversion in the New Testament* [Collegeville: The Liturgical Press, 1994]).

- ¿Por qué creen los católicos que pueden ganar la salvación por medio de obras buenas?

Los católicos no creen que puedan ganar la salvación a través de sus buenas obras. ¡Por lo menos los católicos informados no! A menudo esta postura ha sido malinterpretada. En el pasado, algunas de las prácticas de la Iglesia hacían que la gente creyera que de alguna manera podían comprar o ganarse la salvación. Ésta fue una de las preocupaciones de Martín Lutero en el siglo XVI cuando él pidió la reforma de la Iglesia. Pero la enseñanza católica auténtica reconoce que la salvación es un don gratuito de Dios obtenido de una vez por todas a través de la encarnación, la pasión, la muerte y la resurrección de Jesucristo. Nadie se gana la salvación haciendo obras buenas. Más bien nuestras obras buenas demuestran que hemos puesto nuestra fe en acción.

Por su parte, los fundamentalistas enfatizan demasiado la enseñanza bíblica de confesar a Jesús como el salvador personal en detrimento de otras enseñanzas del Nuevo Testamento. La Carta de Santiago llama explícitamente a las personas a poner su fe en acción, pues las palabras sin obras son huecas (2:14-22). Por nuestra parte, los católicos debemos tener cuidado de no darles la impresión a los no-católicos de que creemos que podemos ganar nuestro lugar en el cielo mediante lo que decimos o hacemos. Ésa es la antigua herejía del pelagianismo, nombrada por Pelagio, un monje británico del siglo V quién enseñó que los humanos podíamos trabajar por la salvación independientemente de la gracia divina. La Iglesia encontró esta interpretación totalmente inaceptable y condenó a Pelagio y su enseñanza.

- ¿Por qué le confiesan los católicos sus pecados a un sacerdote cuando sólo Dios puede perdonarlos?

Los católicos no le confiesan sus pecados al sacerdote. Se los confiesan a Dios. El sacerdote es un vehículo, un mediador que ayuda al penitente a que reconozca su condición de pecador. Dios es quien perdona al pecador mediante las palabras de absolución que el sacerdote pronuncia. Los católicos también creen que sólo Dios perdona el pecado (aunque, como se expresa claramente en la oración del Señor, estamos llamados a perdonarnos unos a otros), pero también creemos que muy a menudo las personas pueden engañarse a sí mismas si no tienen una manera concreta de hacerle frente a su condición de pecadoras. Usar un mediador para asistirnos con el proceso, asegura un punto de vista más objetivo y aminora la posibilidad de disculpar nuestra condición personal de pecadores. Los católicos también señalamos las raíces del sacramento de la reconciliación en la Biblia (Jn 20:22-23: ". . . a quienes descarguen de sus pecados . . ."), pero reconocemos que la práctica de la confesión privada se desarrolló mucho más tarde en la historia de la Iglesia, bajo la guía del Espíritu Santo. Para los católicos la reconciliación es un sacramento, un signo visible de la gracia de Dios actuando en el mundo para el perdón de los pecados.

- ¿Qué creen los católicos sobre el "rapto"?

Los católicos no aceptan la idea del "rapto". De hecho, el concepto no se encuentra en la Biblia, aunque los fundamentalistas aseguran que sí. Es una interpretación de un pasaje en 1 Tesalonicenses en el cual Pablo describe en términos vívidos una escena de la segunda venida de Cristo (4:16-17). La palabra "rapto" (del latín *rapere*, "secuestrar arrebatar") viene de la expresión de Pablo de que seremos "llevados" en la segunda venida de Cristo cuando los muertos resuciten a una nueva vida en el cielo. Esta doctrina fundamentalista surgió de *The Scofield Reference Bible* donde se explicó por primera vez. Tractos fundamentalistas que vinieron más tarde la han explicado y ampliado. A menudo los fundamentalistas han inventado descripciones muy elaboradas acerca de como los sucesos de los últimos días se llevarán a cabo. El pasaje en Pablo que se usa para apoyar la creencia en el rapto es más bien ambiguo y se encuentra en el contexto más amplio de la enseñanza de Pablo sobre la resurrección de los muertos. Éste emplea imágenes apocalípticas normales (el llamado del arcángel, el sonido de la trompeta, la venida del Señor sobre las nubes), que no se usa para significar un ascenso literal al cielo paso por paso. El punto de Pablo no es ofrecer literalmente una presentación previa del proceso (aunque en su contexto histórico él pudiera haberlo tomado así), sino asegurar a los tesalonicenses que el Señor venía y que serían llevados a la gloria.

Mientras que los católicos rechazan la idea del rapto, al mismo tiempo mantienen la expectativa de la parusía (del griego *parousia*, "venida"), la segunda venida de Cristo. Los católicos no teorizan sobre cualquier momento específico o secuencia de sucesos, sobre cuándo y cómo tendrán lugar los últimos momentos. Más bien, los católicos tienen una expectativa general de que Dios actuará definitivamente para establecer el reino eterno cuando lo crea oportuno y a su manera. Mientras tanto los católicos creen que deben mantenerse firmes en su fe y permanecer preparados en una expectativa esperanzada de la última victoria de Dios sobre el mal.

Conclusión

De seguro que éstas no son las únicas preguntas que los católicos probablemente encuentren cuando estén con sus amigos fundamentalistas, pero son unas de las más frecuentes. Yo no pienso ingenuamente que tales respuestas convencerían a un fundamentalista para que abandone su visión y vea la lógica de la perspectiva católica. Hace poco, un participante en un taller me preguntó por qué mis argumentos no convencerían a los fundamentalistas. El público había hecho muchas preguntas en relación a las objeciones fundamentalistas a la fe católica, y yo formulé respuestas para éstas. Él me dijo que encontraba que la argumentación era bastante lógica y convincente. Pero la lógica de una persona no es siempre transparente a otros. Los fundamentalistas son personas muy entusiastas. Tienen firmes convicciones que han formulado con el tiempo y que han elegido conscientemente. La discusión, sin importar qué tan racional y pacíficamente se presente, no siempre gana conversos. Ésta es la razón por la cual no tengo fe sólo en la apologética. Lo más que una persona puede esperar es que un celo similar, enraizado en una fe firme, sostenido por un enfoque sólido a la enseñanza bíblica y defendido lógicamente, dará testimonio a los fundamentalistas de que los católicos también son cristianos conscientes.

Para el lector aventurero a quien le gustaría explorar más estos asuntos, la lista bibliográfica que sigue le proveerá un buen punto de inicio para conocer más profundamente el fenómeno del fundamentalismo y lo que los católicos pueden hacer para hacerle frente. Sin embargo, la tarea principal y más importante es la de familiarizarnos con la Biblia. Conforme a lo que el Espíritu le dijo hace mucho tiempo a San Agustín, palabras que lo llevaron a su conversión, *"Tolle lege"*—toma las Sagradas Escrituras y léelas. Transformarán tu vida.

Recursos para el estudio adicional

Sobre el fundamentalismo

Barr, James. *Beyond Fundamentalism*. Philadelphia: Westminster, 1984.

_____. *Fundamentalism*. Philadelphia: Westminster, 1978.

Boone, Kathleen C. *The Bible Tells Them So: The Discourse of Protestant Fundamentalism*. Albany, N.Y.: State University of New York Press, 1989.

Brown, Raymond E. "Biblical Fundamentalism: How Should Catholics Respond?" *St. Anthony Messenger* 98 (1990) 11–15.

_____. *Responses to 101 Questions on the Bible*. New York/ Mahwah, N.J.: Paulist, 1990 (especially pp. 43–48, 137–42).

Cohen, Norman J. (ed.). *The Fundamentalist Phenomenon*. Grand Rapids, Mich.: Eerdmans, 1990.

Falwell, Jerry (ed.), with Ed Dobson and Ed Hindson. *The Fundamentalist Phenomenon: The Resurgence of Conservative Christianity*. 2nd. ed. Garden City, N.Y.: Doubleday, 1986.

Gilles, Anthony E. *Fundamentalism: What Every Catholic Needs to Know*. Cincinnati: St. Anthony Messenger, 1984.

Hoppe, Leslie J. "Premillennial Dispensationalism: Fundamentalism's Eschatological Scenario." *Chicago Studies* 34/3 (1995) 222–35.

LaVerdiere, Eugene. *Fundamentalism: A Pastoral Concern.* Collegeville: The Liturgical Press, 2000.

Marsden, George M. *Fundamentalism and American Culture: The Shaping of Twentieth Century Evangelicalism 1870–1925.* New York: Oxford University, 1980.

_____. (ed.) *Fundamentalism and Evangelicalism. Modern American Protestantism and Its World*, vol. 10. Munich/New York: K. G. Saur, 1993.

_____. *Understanding Fundamentalism and Evangelicalism.* Grand Rapids, Mich.: Eerdmans 1991.

Marty, Martin E. "Fundamentals of Fundamentalism". In *Fundamentalism in Comparative Perspective.* Lawrence Kaplan (ed.). Amherst, Mass: University of Massachusetts, 1992, 15–23.

Marty, Martin E., and R. Scott Appleby. *The Fundamentalisms Project.* 5 vols. Chicago: University of Chicago.
>   vol. 1: *Fundamentalisms Observed.* 1991.
>   vol. 2: *Fundamentalisms and Society: Reclaiming the Sciences, the Family, and Education.* 1993.
>   vol. 3: *Fundamentalisms and the State: Remaking Politics, Economics, and Militance.* 1993.
>   vol. 4: *Accounting for Fundamentalisms: The Dynamic Character of Movements.* 1994.
>   vol. 5: *Fundamentalisms Comprehended.* 1995.

New Theology Review 1:2 (1988); número entero dedicado al fundamentalismo.

O'Meara, Thomas F. *Fundamentalism: A Catholic Perspective.* New York/Mahwah, N.J.; Paulist, 1990.

A Pastoral Statement for Catholics on Biblical Fundamentalism. Washington, D.C.: NCCB/USCC, 1987 (English and Spanish).

Pontifical Biblical Commission. *The Interpretation of the Bible in the Church*. Boston: St. Paul Books & Media, 1993.

Witherup, Ronald D. *A Catholic Response to Biblical Fundamentalism*. Audio tape. Cincinnati: St. Anthony Messenger, 2000.

_____. "Catholicism and Fundamentalism." *The Bible Today* 32/1 (1994) 46–50.

_____. "Overview to *The Interpretation of the Bible in the Church*." *The Bible Documents*. Chicago: Liturgy Training Publications, 2001, 122–28.

_____. "Is There a Catholic Approach to the Bible?" *The Priest* 51/2 (1995) 29–35.

_____. "The Use and Abuse of the Bible," *Scripture from Scratch* NO899. Cincinnati: St. Anthony Messenger, 1999.

_____. "Wrestling with the Rapture." *Chicago Studies* 34/3 (1995) 251–61.

_____. *Scripture: Dei Verbum*. New York/Mahwah, N.J.: Paulist, 2006.

Sobre el estudio general de La Biblia

Bergant, Dianne, et al. (eds.). *The Collegeville Bible Commentary*. Collegeville: The Liturgical Press, 1989.

Brown, Raymond E. *Biblical Exegesis & Church Doctrine*. New York/Mahwah, N.J.: Paulist, 1985.

_____. *The Critical Meaning of the Bible*. New York/Ramsey: Paulist, 1981.

Brown, Raymond E., Joseph A. Fitzmyer, and Roland E. Murphy (eds.). *The New Jerome Biblical Commentary*. Englewood Cliffs, N.J.: Prentice-Hall, 1990 (especialmente los artículos 19, 65, 66, y 72).

Coogan, Michael D., et al. (eds.). *The New Oxford Annotated Bible*. 3rd ed. New York: Oxford University Press, 2001.

Kee, Howard C., et al. *The Cambridge Companion to the Bible.* New York: Cambridge University Press, 1997.

Meeks, Wayne A., et al. (eds.). *The HarperCollins Study Bible.* New York: HarperCollins, 1993.

Senior, Donald, et al. (eds.). *The Catholic Study Bible.* New York: Oxford University Press, 1990.

Witherup, Ronald D. *The Bible Companion.* New York: Crossroad, 1998.

Sugerencias para suscripciones

The Bible Today. Una revista popular en inglés publicada seis veces al año y dedicada a popularizar el estudio moderno de la Biblia entre los católicos. Disponible por suscripción a $33 dólares al año de Liturgical Press, P.O. Box 7500, Collegeville, MN 56321–9989.